Oliveira de Panelas

Biblioteca de Cordel

Oliveira de Panelas

Introdução
Maurice van Woensel

hedra

São Paulo, 2010

Capa
Julio Dui

Projeto gráfico e editoração *Hedra*
Revisão
Iuri Pereira Rita Narciso

Ilustrações das orelhas e quarta-capa
José Lourenço

Dados Internacionais de Catalogação na Publicação (CIP)
(Câmara Brasileira do Livro, SP, Brasil)

Panelas, Oliveira de.
introdução de – São Paulo: Hedra, 2000. – (Biblioteca de Cordel)

Bibliografia.
ISBN 85-87328-42-5
1. Panelas, Oliveira de 2. Literatura de cordel–Brasil 3. Literatura de cordel–Brasil–História e crítica I. Woensel, Maurice van. II. Título. III. Série

00-0126 CDD-398.20981

Índices para catálogo sintemático:
1. Brasil: Cordelistas: Biografia e obra: Literatura folclórica 398.20981
2. Brasil: Literatura de cordel: História e crítica: Folclore 398.20981

[2010]

EDITORA HEDRA
R. Fradique Coutinho, 1139, subsolo
CEP 05416-011, São Paulo-SP, Brasil
+55-11-3097-8304
www.hedra.com.br

Foi feito depósito legal.

BIBLIOTECA DE CORDEL

A literatura popular em verso passou por diversas fases de incompreensão e vicissitudes no passado. Ao contrário de outros países, como o México e a Argentina, onde esse tipo de produção literária é normalmente aceita e incluída nos estudos oficiais de literatura – por isso poemas como "La cucaracha"são cantados no mundo inteiro e o herói do cordel argentino, Martín Fierro, se tornou símbolo da nacionalidade platina –, as vertentes brasileiras passaram por um longo período de desconhecimento e desprezo, devido a problemas históricos locais, como a introdução tardia da imprensa no Brasil (o último país das Américas a dispor de uma imprensa), e a excessiva imitação de modelos estrangeiros pela intelectualidade.

Apesar da maciça bibliografia crítica e da vasta produção de folhetos (mais de 30 mil folhetos de 2 mil autores classificados), a literatura de cordel – cujo início remonta ao fim do século XIX – continua ainda em boa parte desconhecida do grande público, principalmente por causa da distribuição efêmera dos folhetos. E é por isso que a Editora Hedra se propôs a selecionar cinqüenta estudiosos do Brasil e do exterior que, por sua vez, escolheram cinqüenta poetas populares de destaque e prepararam um estudo introdutório para cada um, seguido por uma antologia dos poemas mais representativos.

Embora a imensa maioria dos autores seja de origem nordestina, não serão esquecidos outros pólos produtores de poesia popular, como a região sul-riograndense e a antiga capitania de São Vicente, que hoje abrange o interior de São Paulo, Norte do Paraná, Mato Grosso, Mato Grosso do Sul, parte de Minas Gerais e Goiás. Em todos esses lugares há poetas populares que continuam a divulgar os valores de seu povo. E isso sem nos esquecermos do Novo Cordel, aquele feito pelos migrantes nordestinos que se radicaram nas grandes cidades como Rio de Janeiro e São Paulo. Tudo isso resultará em um vasto panorama que nos permitirá avaliar a grandeza da contribuição poética popular.

Acreditamos, assim, colaborar para tornar melhor conhecidos, no Brasil e afora, alguns dos mais relevantes e autênticos representantes da cultura brasileira.

Dr. Joseph M. Luyten (1941–2006)

Doutor pela USP em Ciências da Comunicação, Joseph Luyten foi um dos principais pesquisadores e estudiosos da literatura de cordel na segunda metade do século XX. Lecionou em diversas universidades, dentre as quais a Universidade de São Paulo, a Universidade de Tsukuba (Japão) e a Universidade de Poitiers (França), onde participou da idealização do Centro Raymond Cantel de Literatura Popular Brasileira. Autor de diversos livros e dezenas de artigos sobre literatura de cordel, reuniu uma coleção de mais de 15 mil folhetos e catalogou cerca de 5 mil itens bibliográficos sobre o assunto.

Joseph Luyten idealizou a Coleção Biblioteca de Cordel e a coordenou entre os anos de 2000 e 2006, período em que publicamos 22 volumes. Os editores consignam aqui publicamente sua gratidão.

Sumário

Oliveira de Panelas
um poeta de cordel que foi longe

Dentre os poetas de cordel titulares desta coleção, Oliveira de Panelas se destaca — e, de certo modo, destoa — de duas maneiras. Primeiro, mesmo com 54 anos de idade e 40 anos de profissão de cantador, ele pertence à (relativamente) nova geração de artistas populares em atividade, e faz parte da galeria de famosos "cordelistas" aos quais se dedica esta coleção. Destes, muitos já faleceram e vários tiveram sua atuação no século XIX: eles contrastam um tanto com Oliveira, que canta pelo século XXI adentro com boa disposição e saúde.

Por outro lado, Oliveira de Panelas já não pertence mais às gerações de poetas que atuavam principalmente nas feiras e confeccionavam folhetos para cantar e vender. Ele faz parte do que o professor Joseph Luyten chama de "Novo Cordel": seu campo de atividade são as cidades, e só publicou folhetos no início de sua carreira. Nesta época, o rádio de pilha e as redes de TV começaram a tornar obsoleta e inútil a tradicional função do cantador de feira: trazer as novas e comentar desastres e eventos, criando assim uma das principais formas populares de entretenimento e divulgação de informações.

Atualmente estão desaparecendo as tipografias manuais que imprimem folhetos como antigamente, de maneira artesanal e com uma xilogravura na capa: para o poeta popular, não há como competir com a rapidez e os custos reduzidos das empresas gráficas modernas. Os poetas que ainda vivem e sobrevivem de sua arte procuraram público, maneiras de divulgação e meios de comunicação alternativos. Também Oliveira, que começou a carreira ainda na época dos folhetos impressos, há tempos diversificou, com êxito, seus meios de expressão. Desde jovem tinha um programa de cantoria na rádio local de Garanhuns. Tem muitos LP's e CD's gravados. Tornou-se uma figura conhecida nacionalmente devido à sua atuação nos meios de comunicação modernos. Foi convidado dezenas de vezes para cantar em programas de TV e já cantou para as mais altas autoridades, no Brasil e no exterior.

Pode-se pensar que Oliveira, pelo fato de ser um cantador bem sucedido, teria renegado ou adulterado a arte e a genialidade dos poetas de cordel. Ora, um livro que se torna um *best seller* nem sempre é obra de arte espúria. Tampouco um cantador popular que conquista um espaço no circuito das Letras eruditas e na mídia é necessariamente um traidor da tradição popular. Oliveira não deixa de ser um artista genuíno, um herdeiro e um continuador da longa tradição dos cantadores seus mestres. Seu sucesso resulta exatamente do fato de que soube conservar e até enriquecer o legado dos cantadores populares e suas marcas: a aparente ingenuidade, a jocosidade matuta, a criatividade verbal e a fidelidade às rigorosas regras formais da cantoria. É por estes motivos que apresentamos nesta série de poetas de cordel Oliveira de Panelas, o artista e sua obra.

Suas origens e formação

Seu nome de batismo é Oliveira Francisco de Melo. Nasceu em 24 de maio de 1946, filho de Antônio Francisco de Melo e Maria Virtuoza dos Santos. Casou-se em 1968 com Ana Araújo de Melo com quem teve três filhos, Walter, Wagner e Walber. Há vinte e cinco anos reside em João Pessoa, em um sítio no bairro do Cristo Redentor; um lugar sempre aberto aos amigos. O sobrenome "Panelas" tem pouco a ver com o utensílio de cozinha de mesmo nome: refere-se ao município (e ao rio) do interior pernambucano, situado a 180 km de Recife, onde Oliveira nasceu, no sítio Barroca. Seu pai era lavrador e pedreiro, não era cantador nem poeta, mas, tendo uma bela voz, cantava para os familiares e amigos. Os pais gostavam de ouvir os cantadores na feira e organizavam em sua casa sessões de cantoria. O jovem Oliveira também se apaixonou por essa arte, e os pais incentivaram sua vocação quando, logo cedo, demonstrou ter talento de poeta-cantador: aos nove anos de idade já brincava de compor e cantar versos. Seu pai sempre lhe apoiou nos primeiros anos de carreira. Oliveira nos disse a seu respeito: "Eu fui o cantador que ele não pôde ser".

Oliveira estudou as primeiras letras na escolinha local, mas não chegou a concluir o curso primário. Em compensação, já tinha uma curiosidade intelectual insaciável: lia à luz de lamparina todos os livros que lhe caíam nas mãos. Tanto que, anos depois, conseguiu passar com facilidade nas provas do ensino supletivo.

Sua escola não tinha paredes: aos 12 anos começou a "estagiar" com o poeta ambulante Zé Rufino: acompanhava-o, cantando nas feiras, e aprendia com ele a arte. Aos 14 anos de idade, Oliveira iniciou sua carreira de cantador, profissionalmente, em parceria com os cantadores ambulantes João Vicente e Manoel Hermínio, e escolheu o nome artístico de Oliveira de Panelas, em homenagem a seu município de origem. Cantando como repentista, percorria, na época, o interior de Pernambuco, Alagoas, Sergipe e Paraíba.

A respeito destas andanças, Oliveira nos contou o seguinte: "Tínhamos três maneiras de atuar. Primeiro, *a excursão*. Sem saber de antemão aonde ir, andávamos de cidade a cidade, parando em qualquer casa ou terreiro, oferecendo nossos serviços e aceitando a hospitalidade de um ou outro fazendeiro ou notável. Outra maneira de viajar era o *trato*: fulano de tal nos convidava para tal ou tal lugar, mas sem compromisso: ali a gente cantava "de bandeja": cada pessoa presente depositava, no fim da sessão, sua moeda ou nota na bandeja, como colaboração espontânea. Por fim, podíamos viajar *de contrato*: neste caso já foi estipulado de antemão o montante de nossos honorários e indenização de despesas. Inútil dizer que por muitos anos andamos de excursão e raramente de contrato!"[1]

A partir de 1962 Oliveira fixou residência em Garanhuns, no Pernambuco, onde passou oito anos. Continuou cantando em parceria com os mestres da região. Chegou a ser contratado por um programa de violeiros e repentistas da Difusora de Garanhuns para fazer parceria com Manoel Bezerra Diniz, o Voador da Paraíba. Mas era difícil sustentar-se com o produto de sua arte, e, por longos períodos, o poeta tinha que trabalhar com as mãos, ajudando seu pai no ofício de pedreiro. Porém, nunca

[1] Conforme entrevista concedida por Oliveira, em sua casa, ao autor desta introdução, em 11 de julho de 2000.

desanimou: perseverava na sua vocação de poeta e aprendia com paciência a técnica e arte necessárias ao ofício.

Em 1971, ele seguiu o caminho de milhões de nordestinos, para o Sul: deixou Garanhuns e foi para São Paulo, à procura de um futuro melhor. Radicou-se no bairro do Brás, e por algum tempo teve que trabalhar como pedreiro para sobreviver. Começou a cantar nos bares e restaurantes do Brás, e já em 1972 os talentos poéticos do pedreiro nordestino começaram a ser reconhecidos: fazendo dupla com José Ferreira, ganhou seu primeiro prêmio no Festival de Violeiros realizado no Cine Fontana, em Celso Garcia. Assim começou o caminho do sucesso. Ainda em São Paulo, tornou-se sócio-fundador e conselheiro da Associação de Repentistas, Poetas e Folcloristas do Brasil. Chegou a representar seu estado no I Congresso de Repentistas Nordestinos de São Paulo.

A partir dali, Oliveira foi convidado para cantar em restaurantes e bares, residências, teatros e casas de shows, universidades e colégios, em numerosos eventos de caráter público e privado. Em 1973 participou da trilha sonora de dois filmes nacionais *Os últimos dias de Lampião* e *Deus deu a terra e o diabo cercou.* Em 1974 foi solicitado pela Rede Globo de Televisão para uma participação especial no programa dominical "Fantástico", tendo como parceiro José Francisco de Souza. Em 1975, formando dupla com João Quindingues, e com a participação de outros seis repentistas, gravou três LPs para a *Coletânea de Repentistas*, na série "Brasil Caboclo", apresentando 24 gêneros diferentes de repente.

No final de 1975, sua vida mudou. Foi em São Paulo que se encontrou com um dos famosos três irmãos-poetas: Otacílio Batista Patriota, irmão de Dimas e Lourival, da linhagem e parentela dos patriarcas dos poetas populares nordestinos, Ugolino e Nicandro Nunes da Costa. Esses, misturados com a família dos Batista, deram origem à estirpe de Antônio, Pedro, Chagas Batista e seus filhos: Paulo Nunes Batista e Sebastião Nunes Batista. Foi Otacílio Batista que convidou Oliveira a voltar para o Nordeste: os dois começaram uma parceria que havia de durar mais de vinte anos, e a dupla foi granjeando sucesso e popularidade junto ao grande público como também na mídia. Otacílio teve Oliveira como a um filho — seus próprios filhos não continuaram a tradição, assim como os filhos de Oliveira não a continuam — e transmitiu-lhe os segredos e as técnicas da cantoria.

Enraizado na Paraíba, o poeta continuou atuando pelo Brasil afora. Em 1976, tendo Juvenal de Oliveira como parceiro, obteve o terceiro lugar no Congresso de Violeiros de Campina Grande, onde foi considerado a revelação do ano por conta de seu talento de improvisação. Em 1978 gravou, pela continental, um LP *Só Deus pode mais e ainda*, pela CBS, e ainda *O perguntador*, produzido por Zé Ramalho. Em 1980, a Ordem dos Músicos do Brasil conferiu a Oliveira o diploma de habilitação profissional. De 1981 a 1982 presidiu a Associação dos Poetas e Repentistas do Brasil (Aperb). A entidade promove a cada ano o Encontro Nacional de Poetas Cantadores do Brasil a fim de abrir espaço para novos talentos. Participou ainda, como membro da Comissão Julgadora, do Festival MPB-Shell, no Rio de Janeiro.

Durante muitos anos, a dupla Oliveira-Otacílio era titular do programa "O Nordeste canta" na Rádio Tabajara de João Pessoa, campeão de audiência local. Oliveira sempre tem na agenda convites para cantorias desde o Acre até o Rio Grande do Sul. Já participou de mais de duzentos congressos e concursos de violeiros, dos quais costuma sair como vencedor ou premiado. Pelo microfone da Rádio Globo, já cantou para o Papa, em sua passagem pela Argentina, depois da Guerra das Malvinas. Cantou para o então presidente de Portugal, Mário Soares, quando esteve na casa de amigos em Brasília. Oliveira foi proclamado vencedor do I Campeonato de poetas repentistas, realizado no Memorial da América Latina, em São Paulo, em 1997.

Recentemente, no mês de maio de 2000, Oliveira foi o vencedor de outro duelo artístico que mobilizou cantadores em Foz de Iguaçu, numa promoção da Academia de Cultura local. O Festival *Norte versus Sul* reuniu em seu final dois dos maiores expoentes do gênero no país. De um lado, Oliveira de Panelas, defendendo a cultura nordestina. O representante do sul era o conhecido José Estivalet, que mostrou em verso e trovas as manifestações populares de uma das regiões mais tradicionalistas do Brasil. Oliveira venceu nas modalidades principais da poética repentista, mostrando sua competência, tanto no conhecimento como na eloqüência. Em junho de 2000, comemorou junto aos amigos seus 40 anos de carreira com uma série de shows e debates. Neste contexto está previsto o lançamento de dois livros: *E Deus me fez cantador*, autobiográfico e *Mil reflexões poéticas*, e ainda de dois CDs novos com os títulos provisórios de *Quarenta anos de cantoria* e *Cântaro*.

Oliveira possui a arte de fazer amigos: jovial e prestimoso, delicado e discreto, fica à vontade tanto em um palácio quanto num remoto sítio do interior. Já foi parceiro de microfone de Luís Gonzaga, o Rei do baião, e já cantou para outro rei: Roberto Carlos. Deste encontro resultou uma amizade e admiração recíproca. Por causa de sua melodiosa voz de estentor já foi chamado de "o Pavarotti dos Sertões". O verbete do *Dicionário Literário da Paraíba* a respeito de Oliveira dá um retrato fiel do artista e de seu estilo[2]:

"Canta gesticulando, rindo, empolgado, inquieto, atento a tudo e a todos, procurando os motivos para sua poesia. Com raciocínio rápido, em poucos segundos estrutura sua estrofe, baseada no assunto em debate, buscando associar o pensamento desenvolvido pelo seu contendor com a circunstância, num esforço consciente de quem ostenta competência e vivacidade.

Bom improvisador, desenvolve com naturalidade um mote dado. Maneja com facilidade todas as formas poéticas, embora dê preferência ao "Galope à beira-mar" (estrofe de dez versos hendecassílabos), que considera o "hino da cantoria", devido à musicalidade presente neste tipo de composição poética.

Oliveira é também um músico. Seu conservatório foi o sertão; seus mestres, os vaqueiros e aboiadores sertanejos. Boa voz, afinado, executa com perfeição as várias toadas existentes na poética dos cantadores, sendo também um inovador nesse campo. Exercita constantemente sua sensibilidade musical, assobiando pelas ruas as toadas das sextilhas, do martelo, do galope, consciente de que a música é um elemento imprescindível ao cantador e à cantoria, sobretudo quando é executada harmoniosamente. Além do repente, canta também poemas, canções, óperas, etc. É um cantador que não se preocupa em apenas fazer versos, mas que sabe unir o verso à poesia e a poesia à música, cujo resultado ele transmite com força, expressividade e, sobretudo, prazer.

Oliveira Francisco, mais conhecido como Oliveira de Panelas, é atualmente considerado como um dos nomes

[2] Editora A União, João Pessoa, 1990, pp. 161-2.

mais importantes da cantoria paraibana e nordestina, tanto pelo talento e força poética, como pela liderança pessoal e capacidade organizativa."

Sua arte poética

Oliveira é um autodidata: em matéria de cordel, técnica e arte, aprendeu o ofício com vários mestres sertanejos; na área da cultura geral, ele leu sistematicamente obras-primas da literatura como também textos importantes de filosofia, história e geografia. Prova disso é que, à maneira de um Augusto dos Anjos, subjuga os termos e nomes mais inesperados aos rigores do metro e da rima e é capaz de debater com intelectuais a respeito da arte e da técnica de seu *métier*.

Sobre qualquer assunto que lhe indicam de improviso, inventa na hora estrofe após estrofe, todas elas repletas de alusões e citações, eruditas e populares, e inclui, relacionados com o assunto, nomes, termos, tudo cabendo nos minuciosos esquemas da versificação popular. Assim, no caso da estrofe que se segue, um "galope à beira-mar", há onze sílabas em cada verso, seguindo o intricado esquema de rimas *abbaaccddc*. Nesta modalidade, o mote do último verso, que sempre termina com a palavra "*mar*", exige logo que também o sexto e o sétimo versos de cada estrofe tenham a rima em "*-ar*". Vejamos:

Eu canto em meus versos perfumes de fl*ores*
A curva de ondas, o verde da pl*anta*
O rio que corre, o pássaro que c*anta*
A noite que guarda segredos de am*ores*.
Tem o arco-íris com todas as c*ores*
Pintando aquarelas no corpo do *ar*.

Têm pássaros libertos levando o jant*ar*
São frutas maduras pros filhot*inhos*
Que dormem nas conchas macias dos n*inhos*
E eu canto galope na beira do mar.

Oliveira não tem medo de improvisar em certos metros pertencentes à tradição antiga porém usados por poucos colegas. Nesta antologia reproduzimos versos nesses metros menos comuns: o "mourão perguntado", a "toada alagoana", a "parcela ligeira", a "toada gemedeira", o "oitavão rebatido", o "oito pés a quadrão" e o "dez pés a quadrão".

A versatilidade do poeta

Oliveira sente-se à vontade perante qualquer tipo de público. Já levou ao delírio turmas de universitários e de sindicalistas, já arrancou os aplausos de freiras e de aposentados. Evidentemente, prefere as sessões e shows nos quais os presentes participam, cantam com ele, respondem, gritam, comentam. Assustou-se um tanto quando, de início, teve que enfrentar câmaras e holofotes em estúdios de rádio ou TV, mas aos poucos foi se acostumando àquela ausência de platéia. De qualquer forma, sempre que possível, procura cantar em parceria com um colega cantador. Porém, as sessões que prefere mesmo, são, é claro, aquelas executadas ao vivo em sala ou auditório lotado por uma rumorosa assistência. De fato, o contato direto com o povo é indispensável a um poeta popular.

Fomos testemunhas, um dia, da facilidade de improvisação e da capacidade de memorização imediata de Oliveira. Foi numa reunião de família, daquelas famílias grandes do Nordeste: o patriarca fundador gerou, no início deste século, doze filhos — contando só os vivos! — e cada um desses deixou uma prole de pelo menos oito. Dos quinhentos descendentes, trezentos se reuniram na fazenda de um deles, e Oliveira foi convidado para cantar a história da família. Bastavam poucos minutos para se inteirar dos nomes e das façanhas de algumas dezenas de descendentes, vivos e mortos, do grande clã. Oliveira acomodou o violão e vinte minutos a fio foi debulhando sextilha após sextilha, improvisando o histórico anedótico da família. Eis algumas das estrofes produzidas na hora:

Dizem que o tio Manuel
Ia a qualquer região
O dinheiro no seu bolso
Ele não guardava não
Carregava toda a grana
Dentro de seu sapatão

Dizem que nossa Florinda
Gostava de oração
Ia sempre à Gurinhém
Para assistir à Missão
Às palavras que saíam
Do nosso Frei Damião

Mas, à certa altura, arrebentou-se uma das cordas de seu violão. Mal ressoou o estouro e Oliveira, continuando a tocar com as cordas que restavam, intercalou, sem pestanejar, no meio das anedotas da genealogia familial, esta estrofe:

É que essa corda minha
Quebrou-se nesse momento
É apenas essa corda
Que está em meu instrumento
Porém, nunca vai quebrar-se
A corda de meu pensamento.

Os versos de Oliveira surpreendem também pelas notas humorísticas, pela verve típica dos cantadores sertanejos. Assim, no "Encontro de Frei Damião com Padre Cícero no céu", Padre Cícero externa sua admiração perante o relato de Frei Damião sobre as novidades do planeta, dizendo: "Eu morro e não acredito": expressão bem popular, mas inesperada na boca de quem já morreu.

O cordelista autodidata

Possuidor de uma memória xerográfica, o poeta guarda na cabeça uma infinidade de termos e nomes, anedotas e histórias de todo tipo, provindos de seus contatos do dia-a-dia, mas principalmente da leitura de centenas de livros sobre filosofia, história, ciências. Além disso, Oliveira é um dicionário de rimas ambulante: fora as rimas tradicionais de nomes comuns, sempre aproveita as rimas de nomes próprios, da atualidade ou da história, em qualquer idioma.

Assim, por exemplo, quando cantava em Paris para um público seleto de intelectuais, deu uma amostra de seus conhecimentos da História e Literatura da França. Foi citando os gênios da literatura de cordel junto a outros gênios:

Inácio da Catingueira
Negro poeta tão bom

Se lá tivemos Conselheiro
Aqui tivemos Danton
E ainda Afonso Daudet,
Tartarin de Tarascon.

Na mesma oportunidade, à guisa de contraste com as obras de cunho sociológico de Gilberto Freyre, Oliveira citou um romance pouco conhecido de Victor Hugo, *Les travailleurs de la mer*: muita gente, aliás, ignora o fato de que Machado de Assis verteu esta obra para o português sob o título *Trabalhadores do mar*:

... No grande Gilberto Freire
Um rei espetacular.
Aqui temos Victor Hugo
E Trabalhadores do mar[3].

Às vezes Oliveira nos traz à memória a poesia de Augusto dos Anjos, o poeta-mago que soube amalgamar fria terminologia científica e sublime poesia. É o que acontece nessa estrofe do martelo de mote invariável, intitulado "Destino traçado". (Vale destacar o fato de que o poeta respeita a regra dos acentos tônicos da modalidade métrica em pauta: eles incidem sobre a terceira, a sexta e a décima sílaba.)

Quando o óvulo fecundo acelerado,
Gira o sangue com toda hemoglobina,

[3] Esses versos constam do relatório em livro do XVIII Salon du Livre (março de 1998) em Paris, incluindo a transcrição da "Cantoria de Oliveira de Panelas et Lourivaldo Vitorino", pp. 216-21. Neste livro, os versos vêm acompanhados de uma tradução para o francês.

Nisso a mãe necessita proteína
Para dar a seu filho encarcerado
Onde todo destino foi marcado
Logo após o contato conjugal
Na primeira carícia sensual;
O espírito na carne se mistura,
O destino de cada criatura
É traçado no ventre maternal.

Resíduos da poética medieval

O autor destas páginas, de formação humanística européia, ficou admirado ao descobrir o quanto a arte poética de Oliveira e de muitos poetas populares nordestinos é devedora dos trovadores e outros poetas medievais. De um modo geral, os modelos específicos, os temas mais recorrentes e o estilo da poesia medieval constituem, no âmbito da poesia atual, uma linguagem extinta, apenas relembrada e analisada pelos estudiosos: de fato, a mentalidade pragmática das gerações modernas não simpatiza com a simplicidade, o despojamento e a estrita observância das regras de métrica da parte dos poetas medievais. Porém, é mister constatarmos que, curiosamente, os poetas de cordel continuam cultivando — sem que se dêem conta disso — diferentes aspectos da poesia medieval, tanto no que diz respeito à forma como ao conteúdo[4]. Citamos a seguir algumas dessas marcas de medievalidade, sempre presentes na poesia de Oliveira e dos cordelistas em geral.

• •

[4] Ver: Chico Viana & Maurice Van Woensel, *Poesia medieval ontem e hoje*, João Pessoa, CCHLA/ Editora Universitária, 1998.

Lembramos, de início, que o metro preferido dos poetas de cordel é a *sextilha de setissílabos*, com rimas *xaxaxa*, a mesma rima no segundo, no quarto e no sexto verso. Ora, esta fórmula é tão somente uma retomada do modelo dos *romances ibéricos* que floresceram na Península a partir do século XV. Conforme Ramón Menéndez-Pidal, são "poemas épico-líricos breves que se cantam ao som de um instrumento quer em danças corais quer em reuniões para simples recreio ou para trabalho em comum"[5]. As mais das vezes, os romances vêm em setissílabos, em estrofes de tamanho irregular e não têm refrão. Geralmente os versos se agrupam, semântica e sintaticamente, em pares, e esta distribuição binária é mais destacada ainda pela rima — nos romances antigos era assonante — que só incide nos segundos, quartos, sextos versos, e assim por diante. É o que observamos nos versos iniciais de um romance castelhano:

Passeava-se a Silvana
Pelo corredor acima
Viola de oiro levava,
Oh, que bem a tangia!
Essa ela bem a tangia
Melhor romance fazia.[6]

Comparemos esses versos, quanto à métrica, com os seguintes versos de cordel de autoria de Oliveira:

[5] Ramón Menéndez-Pidal, *Flor nueva de romances viejos*, Madrid, Espasa-Calpe, 1941, p. 7.

[6] Em J. David Pinto-Correia, ed. *Romanceiro tradicional português*, Lisboa, Editorial Comunicação, 1984, p. 288.

Morreu e foi para o céu
O nosso Frei Damião
Assim que no céu chegou
Quem estava no portão?
Era um santo nordestino
O padre Cícero Romão.

Ora, o modelo formal — metro e rimas — dos folhetos é praticamente idêntico ao do romanceiro acima descrito: versos setissílabos, geralmente formando pares até pela força da rima em versos alternados (*xaxaxa*), sem refrão: a única diferença está no fato de que, nos folhetos, as estrofes vêm em tamanho padronizado – sextilhas, setilhas ou décimas — enquanto no romanceiro os versos não formam estrofes mas vêm em blocos de tamanho aleatório. Por outro lado, os poetas de cordel continuam outro elemento da tradição antiga ao tocar o violão para acompanhar o canto de seus folhetos. Este formato métrico e rimático, na sua versão escrita, sob a forma de um folheto impresso artesanalmente, foi difundido no Nordeste no final do século XIX por Silvino Pirauá Lima e outros poetas[7].

É provável que, em sua forma oral, já fosse este o formato usado pelos poetas populares de gerações anteriores que não deixaram traços documentados. De qualquer forma, temos aqui um caso de maravilhosa simbiose do poeta popular do interior nordestino com seus antecessores culturais tão distantes no tempo e no espaço. Neste contexto, lembramos que um artigo da revista Veja em 1998 chamava a atenção para o fato de que muitos brasileiros, vivendo em

[7] Átila Augusto F. de Almeida & José Alves Sobrinho, *Dicionário bio-bibliográfico de repentistas e poetas de bancada*, João Pessoa/ Campina Grande, Editora Universitária/ Centro de Tecnologia, 1978, p. 164.

comunidades afastadas, continuam ainda usando dezenas e dezenas de termos e expressões típicas da época de Camões, tais como "vosmercê", "entonces", "fremoso". Aliás, vários estudiosos já chamaram a atenção para este fenômeno de contato direto da poesia e da cultura popular nordestina com as raízes ibéricas medievais[8].

• •

Também as famosas *pelejas* ou *desafios*, discussões e debates, constituem uma continuação e, às vezes, um enriquecimento das tradicionais *tenções* dos trovadores ibéricos. As tenções são um modelo poético fixo que consiste em "uma discussão entre dois ou mais trovadores: um deles sustentava uma tese, contrária à do adversário, sobre uma determinada questão"[9]. As respostas são dadas em versos e estrofes de metro e esquema de rimas iguais aos da pergunta. Dezenas de "cantigas d'escárnio e de maldizer" pertencem a esta categoria.

Ora, o desafio, um gênero difícil da poesia de cordel, apresenta as mesmas marcas. Na tradição da cantoria nordestina, a resposta do desafiado deve possuir estrofe, metro, e rimas de mesmo tipo da estrofe inicial do desafiante, mesmo se este muda de metro no meio do desafio.

Os poetas de cordel retomaram também várias modalidades de "*topos*" medievais, conforme a definição de Ernst R. Curtius: "um clichê, ou seja, um estereótipo

[8] Sebastião Nunes Batista, *Poética popular do Nordeste*, Rio de Janeiro, Fundação Casa de Rui Barbosa, 1982, pp. 1-9, 22, 42,45, 59. Jerusa Pires Ferreira, *Armadilhas da memória*, Salvador, BA, Fundação Casa de Jorge Amado, 1991, pp. 71, 86. Luís da Câmara Cascudo, *Vaqueiros e cantadores*, pp. 178-190; Augusto de Campos, *Verso, reverso e controverso*, São Paulo, Perspectiva, 1988, pp. 257-262.

[9] Pierre Bec, *Anthologie des troubadours*, Paris, UGE/14-18, p. 42.

retórico. Um topos, por exemplo, é o das *adunata* ou *impossibilia*, isto é, coisas impossíveis de acontecer"[10]. Oliveira e outros colegas retomam aquela tradição antiga das *impossibilia*, em particular quando praticam o que chamam de "autolouvação", na qual glosam um mote tal como "O que fiz até hoje ninguém faz/ O que é que me falta fazer mais?" Eles vão enumerando suas proezas imaginárias, uma ainda mais espalhafatosa que a outra, como podemos verificar nessas estrofes de Oliveira:

Construí toda a arca de Noé
Fui o mestre de Freud e o de Jung
Fiz a China apoiar Mao Tse Tung
Escrevi o Corão pra Maomé
Ensinei futebol ao rei Pelé
Campeão de três copas mundiais
Escapei da prisão de Alcatraz
Dei patente de rádio pra Marconi
Detonei os canhões de Navarone
O que é que me falta fazer mais?

• •

Outro modelo formal e temático que os cordelistas herdaram dos trovadores é o *pranto*, o lamento pela morte de uma pessoa querida ou importante. Nestes prantos, redigidos em termos muito hiperbólicos, seguia-se um esquema fixo: de início, a consternação e tristeza do povo (muitas vezes destacava-se que a natureza também dava sinais de luto), enumeravam-se os feitos, vitórias e conquistas do morto pranteado, louvava-se eventualmente os herdeiros ou

[10] *Literatura européia e Idade Média latina*, Brasília, INL, 1979, pp. 99-102.

sucessores, e por fim pedia-se uma prece pela alma do falecido. Conservaram-se muitos *planhs*, prantos em língua provençal, em galego-português e em castelhano. Típico é este pranto em versos de romanceiro da autoria de Gil Vicente sobre a morte de Dom Manuel de Portugal, ocorrida em 13 de dezembro, festa de Santa Luzia:

Pranto fazem em Lixboa
Dia de Sancta Luzia
Poer el rey Dom Manuel
Que se finou nesse dia.

Choram duques, choram condes,
Cada hu quem mais podia,
As damas e as donzelas
Muito tristes em porfia[11].

Também nossos poetas de cordel consagraram dezenas de folhetos à morte de pessoas ilustres. Recentemente, em 1998, quando da morte de Frei Damião, foram impressos e vendidos diferentes folhetos sobre ele, porém sem xilogravura na capa.

A morte do frade foi para Oliveira a oportunidade, não de escrever um folheto, mas sim de gravar um novo CD, cantando, em parceria com Otacílio Batista, a vida e a morte do grande missionário nordestino em sextilhas. Encontra-se na antologia desta obra o texto integral desta homenagem a Frei Damião. Reproduzimos aqui alguns versos com as feições do pranto medieval:

[11] Carolina Michaelis de Vasconcelos, *Notas vicentinas*, Lisboa, Revista Ocidente, s. d., p. 125.

I
Frei Damião de Bozzano
Nasceu e morreu feliz
Andarilho do evangelho
Assim o destino o quis,
Ser seguidor da grandeza
De São Francisco de Assis.

• •

Outro traço manifesto do parentesco entre os cordelistas e a tradição medieval é o uso freqüente que Oliveira faz do *mote glosado.* Temos aqui uma reminiscência do vilancete, "poema lírico de velha origem popular galego-portuguesa"[12]. Nele, um mote inicial era seguido de estrofes nas quais o vilancete se desenvolvia, sendo parcial ou inteiramente repetido. O próprio Camões praticava uma variante do vilancete, conciliando a arte erudita e a popular. Deixou várias "redondilhas menores" (de pentassílabos) ou "redondilhas maiores" (de heptassílabos), gêneros populares na época, encabeçadas por um mote seguido de "voltas" que o elaboram e repetem. Vejamos esta redondilha maior:

Descalça vai pera a fonte
Lianor, pela verdura;
Vai fermosa, e não segura.

Leva na cabeça o pote,
O testo nas mãos de prata,

[12] Sebastião Nunes Batista, *op. cit.*, p. 42.

Cinta fina e escarlata,
Sainho de chamalote;
Traz a vasquinha de cote,
Mais branca que a neve pura.
Vai fermosa, e não segura...[13]

No caso da cantoria de Oliveira, alguém da assistência ou o próprio poeta dá um *mote* — um verso que deve servir como tema e refrão —, e o poeta começa a glosá-lo. Improvisa verso após verso sobre o tema, e cada estrofe deve ser arrematada com o verso-mote. O modelo métrico preferido de Oliveira é de "glosar motes em décimas": ele improvisa estrofes de dez versos, sendo que as rimas do mote – geralmente de dois versos — determinam as rimas dos últimos dois versos: "*dc*" da fórmula rimática clássica da décima: *abbaaccd*dc. Assim, por exemplo, o mote:

Trinta milhões de crianças
Sem Noel e sem Natal

Trombadinha analfabeto,
O assalto é teu salário,
Gíria, teu vocabulário,
Palavrão, teu dialeto.
O véu da noite é teu teto,
Patota, teu ritu*al*,
A droga, teu sonris*al*,
Furtar, é tua poup*ança*,

[13] Nádia Battella Gotlib, ed. *Luís Vaz de Camões* — Seleção e textos, estudos biográfico, histórico e crítico e exercícios, São Paulo, Abril Educação, 1980, pp. 25-26.

Trinta milhões de crianças
Sem Noel e sem Natal[14].

Muitas vezes, nas chamadas pelejas, os dois poetas-contendores devem alternadamente improvisar uma estrofe deste tipo. O mote pode consistir em um único verso, mas também em dois ou mais versos. Existem ainda outras fórmulas, variantes da glosa: às vezes repetem-se no final dos últimos versos uma ou mais palavras-mote.

• •

Os cantadores praticam ainda outra forma métrica herdada da tradição medieval: a chamada "*leixa-pren*", um termo galego-português que quer dizer "deixa-prende". O último verso, senão uma palavra, ou ainda a última rima da primeira estrofe era retomada no primeiro verso da segunda estrofe, a última rima da segunda estrofe no primeiro verso da terceira, e assim em adiante[15]. É o caso, por exemplo, na "tenção" (debate em versos) em décimas (estrofes de dez versos) entre os trovadores galegos Vasco Martins e Afonso Sanches:

I
Vaasco Martins, poys vos trabalh*ades*....
... Morreu, por Deus, por quen *trobades*?

[14] Oliveira de Panelas e Otacílio Batista, *Dois poetas do povo e da viola*, João Pessoa, Funesc, 1996, pp. 73-4.
[15] Massaud Moisés, *Dicionário de termos literários*, São Paulo, Cultrix, 1985, p. 364.

II
Afonso Sanches, vos me pregunt*ades*...
.....E vós al de min saber non queir*ades*[16].

Na gíria dos cordelistas, a *deixa* é um termo equivalente ao "*leixa-pren*"[17]. Como na poesia trovadoresca, a "deixa-prende" deles consiste geralmente na rima "*deixada*" no final da primeira estrofe, e que "se *prende*", que é repetida no primeiro verso da segunda. Este procedimento é muito usado nas pelejas. Encontramos um exemplo típico da "deixa" na cantoria que Oliveira ofereceu em 21 de março de 1998, no XVIII Salon du Livre, em parceria com Lourinaldo Vitorino. Encontra-se na antologia deste livro o texto integral da cantoria, da qual transcrevemos alguns trechos contendo "deixas". (É bom lembrar que, em março de 1998, Zidane, citado aqui, ainda não era considerado uma ameaça para Ronaldinho....)

V
Que ambiente tamanho...
...Tudo para nosso lug*ar*.

VI
Simone de Beauv*oir*...
...Nossa Raquel de Queir*oz*.

VII
A França mostra para n*ós*...
...Temos que analis*ar*.

[16] José Joaquim Nunes, *Crestomatia arcaica, 7. ed.*, Lisboa, Livraria Clássica, s. d., p. 189-90.
[17] Ver: Sebastião Nunes Batista, *op. cit.*, pp. 8-9.

VIII
E se quiser compar*ar*...
E aqui temos Platin*i*

IX
Zidane está por a*í*
Brilha igual Ronaldinho...

• •

O folclorista francês Claude Roy assinalou um clichê temático que se encontra nas canções populares de vários continentes, por séculos a fio: é o que ele chama de tema da *metamorfose*, em versos que dizem "*Queria ser um...*". Nele, o poeta, dirigindo-se à bem-amada, queria se transformar em um animal, uma flor ou um objeto para ficar perto dela. Desde New Orleans até Changai, através dos milênios, o tema foi registrado com variantes mil: "Queria ser... uma lágrima tua... teu espelho... uma flauta em tua boca... tua cintura... andorinha... uma estrela"[18]. Também Oliveira e os poetas de cordel recorrem freqüentemente a este tema-chave da literatura antiga e moderna. Foram registradas em uma sessão informal de cantoria de Oliveira, essas sextilhas:

Ah! Se eu fosse teu travesseiro
Revestido de cetim
Perfumado por verbena
Rosa, dália ou alecrim
Pra meu bem passar a noite
Roçando seu rosto em mim.

[18] Claude Roy. *Trésor de la littérature populaire*, Paris, Seghers, 1954, pp. 9-14.

Ah! Se eu fosse um batom
Róseo, creme ou outra cor
Com o gosto de morango
Ou quem sabe outro sabor
Pra passar o dia inteiro
Nos lábios de meu amor.

Ah! Se eu fosse um sutiã
De forma bem desenhada
Concha macia e cheirosa
Para servir de morada
Dos seios maravilhosos
Do corpo de minha amada.

• •

Outra marca da poesia medieval são os conhecidos "ABC's" de cordel, produzidos às centenas no Nordeste: ABC do amor, ABC do jogo do bicho, ABC da carestia etc. Neles, cada estrofe começa com uma letra do alfabeto, na seqüência certa, o que facilita a memorização. Este tipo de poesia encontra-se em uma dezena de Salmos, foi praticada por Santo Agostinho e pelos clérigos medievais e outros poetas, sempre por motivos didáticos, já que este truque mnemotécnico facilitava a memorização. Os meios de comunicação modernos fizeram com que esta moda caísse em desuso, e não é de admirar que Oliveira não tenha produzido nenhum "ABC".

Depoimento de Oliveira de Panelas

O que é uma noite de cantoria?

Uma noite de cantoria é um dos mais misteriosos rituais que podem existir: é suspense e encanto, é medo, é erro, é acerto; é delírio, suor e desafio.

A chamada cantoria de pé-de-parede tem a duração de quatro a cinco horas —, começa às 21:00 e vai até uma ou duas da manhã. Antigamente cantava-se sempre até o amanhecer. A vestimenta era a rigor, isto é: terno completo e até colete. Era a chegada dos cantadores bem trajados que impunha respeito pela arte que exerciam.

O ouvinte da cantoria, também chamado de apologista, é o responsável maior pela desenvoltura poética dos cantadores. O trabalho cantado dos repentistas violeiros é com freqüência realizado em duplas, pois existem modalidades que precisam ser perguntadas e respondidas alternadamente, além dos duelos em desafio etc. Um show, uma apresentação, um disco, poderão ser feitos por um único cantador; nunca uma noite de cantoria.

No palco, há uma distância de aproximadamente um metro que separa os dois cantadores; qualquer diferença será logo corrigida por um dos artistas. Nas pugnas de cantoria de pé-de-parede, os cantadores devem, por tradição, cantar sentados. A musa dos poetas se inibe quando os ouvintes se acomodam de forma dispersa.

O silêncio, a atenção, o respeito e os aplausos são talismãs que estimulam a competência quando são direcionados eqüitativamente aos dois cantadores.

Na ética da cantoria, um dos parceiros deve, quando tiver conhecimento, prosseguir o assunto que o colega iniciou. Cada um começa por sua vez, segundo a norma. Isso é chamado de *Baionada*: a cantoria dividida em baiões.

"O desafio, o humor e a crítica política predominam na preferência dos ouvintes[19]."

Quais foram os melhores momentos?

Primeiro, em 1996, nossa viagem a Cuba — Otacílio Batista e eu —, a convite da "Solidariedade ao Povo Cubano". Cantamos na presença de Fidel Castro no Teatro José Heredia em Santiago de Cuba e a sessão foi transmitida para a ilha toda. Fomos muito bem tratados e aplaudidos no teatro, mas no hotel onde nos alojaram éramos como João Ninguém.

Em 1997, por intermédio de Ariano Suassuna, então Secretário de Educação do Estado de Pernambuco — mas ele não foi conosco nunca sai do país —, Otacílio Batista e eu fomos convidados para um congresso na cidade do Porto, em Portugal. Era no mês de dezembro, e estava frio, frio mesmo. Otacílio viajou com sua roupa fina que usava aqui, achando que o frio de Portugal seria como o do Rio de Janeiro. Mas chegando ali, a primeira coisa que fez foi ir comprar um agasalho bem quente. Foram uns cinqüenta pernambucanos para participar deste congresso, que na realidade tratava de gastronomia: e nós dois, paraibanos, servimos ali para completar o cardápio de arte culinária pernambucana.

A nossa experiência mais marcante foi nossa ida para Paris em março de 1998. Foi realizado ali o XVIII Salão

[19] Oliveira de Panelas, *Na cadência do martelo*, João Pessoa, s. ed., s. d., pp. 6-7.

do Livro, que naquele ano dava um destaque especial à literatura brasileira. A professora Idelette Muzart tinha costurado nossa ida — Leonardo Vitorino e eu — para ilustrar a noite dos autógrafos dos escritores brasileiros. Estavam lá José Sarney, Paulo Coelho, Chico Buarque, Jorge Amado, Lygia Fagundes Telles, João Ubaldo Ribeiro, Saulo Ramos e muitos outros dos nossos famosos autores. Aquela noite apresentamos duas cantorias: a primeira, mais didática, dando uma amostra cantada de uma série de tipos diferentes de poesia popular: martelo, mourão, galope e outros, e eu explicando a coisa. Em seguida demos um show, improvisando versos sobre o evento. Tudo aquilo foi traduzido na hora, gravado e publicado, no outro dia já, em forma de livro. Os autores brasileiros puxaram uma conversa animada com a gente. Estava ali também a primeira dama, Dona Ruth Cardoso: por acaso ela me ouvira cantar, uma semana antes, na casa de doutor José Paulo Cavalcanti: reconheceu-me e conversou comigo[20]".

[20] Da entrevista com Oliveira, citada acima.

Esta antologia

Geralmente, os cordelistas recorrem em seus folhetos às formas de metro mais simples: a *sextilha* de heptassílabos com as rimas *xaxaxa*, a *setilha* de heptassílabos com rimas *xaxabb*, ou ainda a *décima*, estrofe de dez versos, com rimas *abbaaccddc*[21]. Nos primeiros três textos, o poeta se apresenta e dedica seus versos, usando a tradicional redondilha maior, a sextilha de setissílabos. A seguir, reproduzimos a letra de dois CD's recém-publicados sobre os dois santos populares nordestinos, Frei Damião e Padre Cícero. A vida e a morte de ambos é narrada bem no estilo do cordel, e não poderia faltar o encontro no céu da dupla: o "encontro (no céu)" de personagens conhecidos é um tema tradicional dos cordelistas. É de notar que vários desses poemas não vêm em sextilhas, mas em metros mais raros: em *martelo* com ou sem mote; em "*galope à beira-mar*" (décimas de hendecassílabos), sendo que o último verso deve conter a última (ou mais) palavras do mote; em "cantando galope à beira do mar"; em "*mourão perguntado*" (oitavas de setissílabos, dialogadas entre dois poetas) ou ainda em "*martelo alagoano*" (décimas com rimas em "*-ano*" no sexto, sétimo e décimo versos)[22]."

Selecionamos ainda três folhetos em sextilhas clássicas: uma poética ruminação existencial; o "repente" que Oliveira cantou em parceria no XVIII *Salon du Livre* em 1998, e o que o poeta fez questão de dedicar aos leitores deste livro: um "folheto de atualidade" inédito, um repente

[21] Seguimos aqui as definições e comentários a respeito das formas da poesia de cordel de Sebastião Nunes Batista — ele mesmo folhetista — em seu *Poética popular do Nordeste.* Rio de Janeiro, Fundação Casa de Rui Barbosa, 1982.

[22] *Ibidem*, p. 31.

que improvisou sobre a corrupção no Brasil — com material "quente" e atualizado — assim como faziam os poetas das feiras do interior.

Retivemos ainda uma dúzia de "*martelos*" com mote, geralmente de poucas estrofes, sobre um leque de assuntos: sérios ou humorísticos, devotos ou amorosos, sobre paz e guerra, sobre reforma agrária e política, sobre o sertão e as cidades. Em seguida vêm uma série de *martelos sem mote* e ainda três *décimas de setilhas*, também sobre vários assuntos.

Selecionamos ainda um mostruário das várias facetas da poética de Oliveiras: poemas de sua própria lavra em metros variados: um *galope à beira-mar* (dez versos de onze sílabas, o sexto e o sétimo rimando com "*–ar*" de "mar"); uma *toada alagoana* (estrofe de nove versos, seis setissílabos com três trissílabos intercalados); uma *parcela ligeira* (décimas de pentassílabos, em ritmo acelerado); um *oitavão rebatido* (estrofes de setissílabos, com rima em "ido" no segundo, quarto e oitavo versos), *um oito pés a quadrão* (versos de setissílabos, o quinto e sexto rimando com "-ão" de "quadrão") e uma *toada gemedeira* (uma sextilha interrompida pela exclamação invariável: "Ai, ai! Ui, ui!")

Como "despedida do cantador", o poeta improvisou um *dez pés a quadrão* (décimas de setissílabos, versos cantados alternadamente por uma dupla, com rimas no sexto e sétimo versos em "*-ão*" de "quadr*ão*").

Maurice Van Woensel
Universidade Federal da Paraíba

O poeta se apresenta

Saí da inércia um dia,
Que é estado latente;
Em germe fui transformado;
Tomei forma diferente:
Desenvolvi-me no óvulo,
Daí passei a ser gente

Escalo o vôo duma águia;
Passo acima do condor;
Eu sou o HOMEM DAS NUVENS
Dos Alpes, trago uma flor
Para oferecer, na Terra,
A quem mais me der amor

Velho planeta de guerra,
De sua rota, não sai:
Gira com velocidade,
Saber, saber pra onde vai...
Talvez conduzindo um povo
Pras moradas do meu Pai.

Saco de cego

No saco de cego tem:
Arroz, feijão e farinha
Fubá de milho e sardinha,
Tem pão, café, tem xerém
Algum dinheiro também,
Sal, bolacha, amendoim,
Tem pé de porco e pudim,
Tem tripa e carne de bode
Só outro cego é quem pode
Ter tanta salada assim

No meu livro tem doutrina,
Moral e filosofia,
Humorismo, poesia.
Romantismo, disciplina,
Oração e medicina,
Filantropia e direito,
Tem mentira e preconceito,
Na misturada não nego:
Meu livro e saco de cego
É tudo do mesmo jeito.

Dedicatória

Por tudo que aconteceu
E está acontecendo agora

Pelos que pagam por seus crimes
Entre os ferros das cadeias,

Pelas almas torturadas,
de mil noites mal passadas,

Pelos fracos desgraçados,
Pelos mal recompensados
Sofredores e oprimidos,

Pelos que foram pra guerra
E, depois, voltaram à terra,
Com queixa dos hospitais,

Pelos que perderam a vida
Em terra desconhecida
Pra sustentar nossa paz,

Pelos que morrem de medo
De perder logo cedo,
A doce mulher querida,

Pelos que nada gozaram;
Pelos que só encontraram
Duras frustrações na vida,

Pelos que são humilhados;
Pelos que sofrem calados,
Temendo perder o pão,

Pelos que muito lutaram
E ainda não acharam
Um pedacinho de chão,

Esse livro é uma escola
Pra quem prende na gaiola
As aves que livres voam,

Pelos fracos que reclamam;
Pelos filhos que não amam;
Pelos pais que não perdoam.

Vida e morte de Frei Damião

Frei Damião de Bozzano
Nasceu e morreu feliz
Andarilho do Evangelho
Assim seu destino quis
Ser seguidor da grandeza
De São Francisco de Assis

Lenitivo dos humildes
Que bebiam sua fé
Seguidores incansáveis
Faziam viagem a pé
Pra terem perto um amigo
De Jesus de Nazaré

Por um período de luto
A nossa crença se veste
Morre um irmão da pobreza
Vai-se um santo do Nordeste
Prá fazer missões divinas
Lá na milícia celeste

O seu carisma infinito
Atravessou gerações
Plantou sementes de fé
Nos terrenos das missões
Nasceram frutos da Paz
Nas almas das multidões

Foi em mil e oitocentos
E noventa e oito, o ano
No dia 5 de agosto
No torrão italiano
Nasceu Pio Giannotti
Frei Damião de Bozzano

Quase um século de existência
De funções sacerdotais
O mensageiro da fé
O peregrino da Paz
A missão de ganhar almas
Aumentou cada vez mais

Defensor dos bons costumes
Do pudor e da moral
Regente das Leis de Deus
Um protetor sem igual
Conselheiro dos humildes
Um irmão celestial

A sua fé poderosa
Transparente como véu
Na terra não quis medalha
Taça, tesouro e troféu
Seus sacrifícios terrenos
Buscam as heranças do céu

Seus milagres foram muitos
Nestas longas caminhadas
Demônios foram expulsos
Almas foram consoladas
Nos corações dos fiéis
São suas preces guardadas

Dizem seus ensinamentos
Ligados à tradição
O divórcio não é bom
Pílula não é solução
Que casamento de Igreja
É a perfeita união

Assim foi Frei Damião
Que teve a paz por irmã
Aurora do Reino Santo
Frutos da árvore cristã
Lembrado por toda a vida
Ontem hoje e amanhã.

Frutos do amor
(*martelo com mote*)

Este homem de porte pequenino
Foi exemplo de paz e liberdade
Divulgando o amor e a caridade
Para o homem sofrido nordestino
Eis um dia por ordem do divino
Foi marcado seu dia e sua hora
O Nordeste entristece e gente chora
E ninguém vai esquecê-lo nunca mais
Nosso Frei Damião plantou a paz
Colheu frutos do amor e foi embora

Nosso Frei Damião em seu reinado
Tinha o fruto do amor por alimento
Seu semblante mostrava sofrimento
De ver tantos sofrendo ao seu lado
Alertava pra todos que o pecado
É um mal que afeta dentro e fora
Quem não crê, quem não ama, quem não ora
Não terá regalias siderais
Nosso Frei Damião plantou a paz
Colheu frutos do amor e foi embora

Nosso amado e irmão Frei Damião
Do sertão fez sua pátria mor
No Nordeste fez outra bem maior
Para dar mais conselhos à multidão
Seu remédio era feito de oração
Sua luz era feita de aurora
Onde Deus colocou os imortais
Nosso Frei Damião plantou a Paz
Colheu frutos do amor e foi embora

O conselho do Frade nos dizia
Que o melhor casamento é da Igreja
Que pílula tomada nunca seja
Todo concubinato é sem valia
Minissaia com dança é fantasia
O divórcio é cruel pra quem se adora
Confissão não tem dia e nem tem hora
Namorar só na frente dos seus pais
Nosso Frei Damião plantou a Paz
Colheu frutos do amor e foi embora.

Aprendeu com Vernach e com Bilot
Gazzarine Capello e com Degrand
Muitos outros formando o mesmo clã
Por Basílio Pompili se ordenou
Frei Fernando depois lhe acompanhou
Meio século de vida mundo afora
Com as Leis do Divino colabora
Pelas suas funções sacerdotais
Nosso Frei Damião plantou a Paz
Colheu frutos do amor e foi embora

Em direito canônico foi formado
Em toda teoria e toda prática
Pela teologia dogmática
Nosso Frei Damião foi diplomado
Foi em filosofia graduado
Num saber que ao espírito revigora
Conviveu com o Nordeste, fauna e flora,
Com seu povo sofrido e com seus ais
Nosso Frei Damião plantou a Paz
Colheu frutos do amor e foi embora.

Nas águas do mar
(*Galope à beira mar*)

Os grandes milagres do Frei Capuchinho
O Mundo conhece, o Nordeste sabe
São tantos já feitos que à terra não cabe
Nas horas difíceis mostrou o caminho
Àqueles que vivem sofrendo sozinhos
Sem ter um amigo pra lhe acompanhar
O Frei Capuchinho na hora de orar
Aos seres sofridos lhes orientava
Divinos conselhos confessando dava
No céu e na terra, e *nas águas do mar*

Pra Frei Damião são muitos os pecados
Daqueles que vivem sem lei, sem moral
Bebendo o efeito da seiva do mal
Que são pervertidos e degenerados
Roubando e matando os necessitados
Que nunca tiveram pra quem apelar
Então estes monstros que vivem a matar
Jogando os valores morais para fora
Com esses o diabo se atrai toda hora
Querendo afogá-los *nas águas do mar*

São mais de seis décadas constantes
Que no Brasil mostra seus dons soberanos
Morreu com um século faltando dois anos
Em prol da virtude se fez um gigante
De Cristo foi ele o representante
Na grande tarefa de catequizar
Por onde chegava fazia um altar
Orava com o povo, cantava e saía
Vivia com o povo pro canto que ia
Até nas areias *das águas do mar*

Os dez Mandamentos pra Frei Damião
São do mesmo jeito que Moisés deixou
Da forma que Cristo guardou e pregou
Sem ter uma vírgula de alteração
Porque lei divina não tem mutação
Foi isto que ele vivia a pregar
Os Frades na certa vão continuar
A grande tarefa do missionário
Com Deus a seu lado neste itinerário
Falando com ele na terra *e no mar*

Pregou numa terra de gente sofrida
Politicamente tão discriminada
No país Nordeste fez sua morada
Mostrando a seu povo o caminho da vida
Da simplicidade fez sua jazida,
O ouro da fé ele quis ensinar
E a caridade em primeiro lugar
Assim eram todos seus ensinamentos
Com base nas regras dos Dez Mandamentos
Criados pra terra pro céu e *pro mar*

Já vão dois mil anos que Cristo vivia
Por lagos e praias, cidades e vilas
Levando consigo platéias tranqüilas
Que só aos humildes Jesus pretendia
Pescadores simples o Mestre queria
Seu grande Evangelho na terra mostrar
Frei Damião veio parar num lugar
Tal qual Cristo fora pra lá enviado
O sonho de Cristo por ele imitado
Nas águas atlânticas *da beira do mar.*

O Santo Frei Damião
(décimas de sete pés com mote)

Frei Damião conviveu
Por vila, sítio e cidade
Com sua simplicidade
Milhões de conselhos deu
Quase cem anos viveu
Curando endemoniado
Exorcizando o pecado
E todo tipo de espanto
Frei Damião é um Santo
Já nasceu canonizado

Nosso Pio Giannotti
O seu nome verdadeiro
No Nordeste um caminheiro
Um eterno sacerdote
Recebeu de Deus o dote
Pra divulgar seu reinado
Porém por Deus foi chamado
No céu está, eu garanto,
Frei Damião é um Santo
Já nasceu canonizado.

Espírito conservador
Alguém dirá, mas não é
Em Jesus de Nazaré
Teve sempre seu mentor
Deu conselho ao pecador
Que pedia angustiado
Amparou o deserdado
Na pureza do seu manto
Frei Damião é um Santo
Já nasceu canonizado

Humilde como ninguém
Esse santo italiano
Seu coração soberano
À terra outro igual não tem
Seu nome vai ao além
Pela voz do povo amado
Viveu longe do pecado
Seu coração soberano
Frei Damião é um santo
Já nasceu canonizado

A luz de Frei Damião
Tinha raios soberanos
Com sessenta e cinco anos
De constante pregação
Ensinou na oração
O que Deus tinha mandado
No Evangelho Sagrado
Encontrou seu melhor canto
Frei Damião é um Santo
Já nasceu canonizado

Conheci Frei Damião
Pregando pelo Nordeste
Na pureza que se veste
Com o rosário na mão
Rezando a santa oração
De Jesus Imaculado
Sempre amando sempre amado
Longe do mundo profano
Frei Damião é um Santo
Já nasceu canonizado

Suas primeiras missões
Tinha Padre Cícero vivo
Lampião ainda ativo
Reinando pelos sertões
Frei Damião nos sermões
Fazia o povo abismado
Esquecer o lado errado
A dor, a tristeza, o pranto
Frei Damião é um Santo
Já nasceu canonizado.

Nosso Pio Giannotti

Nosso Pio Giannotti
Frei Damião trouxe o dote
De excelso sacerdote
De verdadeiro pastor
Seu espírito pregador
Buscando existências calmas
Pro rebanho do Senhor

Este divino tripé
Pra Frei Damião é
Três coisas essenciais
Pela confissão se faz
O Santo depoimento
Dando a Deus conhecimento
De amor cada vez mais

Muito pouco ele dormia
Quando amanhecia o dia
Orava muito e saía
Reunindo multidões
Os fiéis se encontravam
Atentamente escutavam
Seus milagrosos sermões

Amigo irmão e profeta
De Deus o grande estafeta
Não esquecia a dieta
Sobre pretexto nenhum
Era fora do comum
Mesmo já cansado e velho
Ser da vida um Evangelho
De oração e jejum

Frei Damião de Bozzano
Um espírito sobre-humano
Hoje está com o Soberano
E com Jesus de Nazaré
Frei Damião foi e é
E será eternamente
A bússola de minha gente
E o farol de nossa fé.

Ensinamentos

Frei Damião nosso santo
Conviveu só com o bem
Não feriu os poderosos
Cruéis que a terra tem
Ensinou sem fazer guerra
Sua luz brilhou na terra
Nos céus brilhará também

Este andarilho incansável
Ganhou um lar diferente
Foi residir nas estrelas
Acredito piamente
De lá enviando luzes
Tirando o peso das cruzes
Da existência da gente

Bendito seja este nome
Que nesta terra viveu
Que orou pelos pequenos
Quem o ouviu aprendeu
Partiu para a vida eterna
Pra dimensão que governa
O Cristo Rei Galileu

O tempo que aqui viveu
Fez seus sermões pela Paz
Pela lei dos bons costumes
De amor pelos casais
Pudor, justiça e verdade
Que a nossa atualidade
Está precisando demais

Seu espírito abnegado
Nunca deixou-se render
Pelas leis destruidoras
Dos que matam pra vencer
São facínoras disfarçados
Sanguinários camuflados
Que fazem o mal por prazer

Nunca incentivou seu povo
A fazer combate armado
Por contra os poderosos
Ou o plano é bem traçado
Numa forma inteligente
Ou se faz inutilmente
Muito sangue derramado

Sempre foi sua tarefa
Por leis espirituais
Buscando ensinar aos homens
Verdades celestiais
Exemplificando almas
Com suas palavras calmas
Frei Damião fez demais

Não trepidou na jornada
Na canseira da idade
Foi fiel a seus preceitos
Puríssima sinceridade
Os seus sermões começaram
Do mesmo jeito findaram
Na mesma fidelidade

Nunca fez nas suas prédicas
Alusões extravagantes
Porque de um povo sofrido
Viu anseios cruciantes
Disse pra os devotos seus
Que estão no Reino de Deus
As coisas mais importantes.

Encontro no Céu
De Frei Damião e Padre Cícero

Morreu e foi para o céu
O nosso Frei Damião
Assim que no céu chegou
Quem estava no portão?
Era um santo nordestino
O padre Cícero Romão

Pergunta Cícero Romão:
Damião você aqui?
Pode entrar a casa é sua
A entrada é por ali
Você vai ter o espaço
Do jeito que eu recebi

Frei Damião disse: aqui
O clima é bem diferente,
Ainda não conhecia
Mas gostei do ambiente
Tomara que não estejam
Filmando o papo da gente

Frei Damião entre e sente
Pode ficar à vontade
Este céu é todo nosso
Porém por sua bondade
Me diga como deixou
As coisas na humanidade

Trouxe muita novidade
Aqui pra o Reino da Glória
Talvez com cem anos conte
O que guardei na memória
Dê-me um canto pra sentar
Que eu vou contar a história

Capriche bem na memória
Pode contar detalhado
Pois quando parti da terra
Não tive mais resultado
Ninguém me disse mais nada
Eu estou desinformado

Vou dizer bem compassado
A terra como é que vai
O homem perdeu a fé
Filho não respeita pai
Agora toda semana
Um avião sobe e cai

Eu calculo como vai
O povo do meu sertão
Ó Damião conte mais
Estou prestando atenção
Diga se depois que eu vim
Fizeram alguma invenção

Criaram televisão
No seu tempo não havia
Uma faca de dois gumes
Eu mesmo não assistia
Porque sempre atrapalhava
As procissões que fazia

Credo em cruz Ave Maria
Padre Cícero disse assim
Depois disse: Damião:
Você não ache ruim
Me diga se tem ainda
Romeiro falando em mim

O seu nome não tem fim
Por lá é sempre lembrado
Mas os romeiros de hoje
Não são como os do passado
Chamam seu nome em inglês
Andam em carro importado

Está muito complicado
Conte mais quero saber
Me diga como é que vai
O governo no poder
Se está trabalhando bem
Ou pondo o resto a perder

Faz medo até lhe dizer
O que por lá acontece
Tem tanto governo ruim
Que eu não sei de onde aparece
Do jeito que o mundo está
Que você não conhece

Qual a invenção que cresce
Lá na terra atualmente?
A televisão já sei
Diga outra diferente
Se caso tiver lembrado
Conte aqui pra mim somente

Tem robô metido a gente
Que os ricos compram lá fora
Basta apertar o botão
Que o bicho atende na hora
Quem tiver empregado perde
Que o coisa manda ir embora

Valha-me Nossa Senhora
Eu estou sem entender
A máquina ganha do homem
É isso que quer dizer
E o homem perde emprego
Essa aqui me fez tremer

Você nem queira saber
Como vai o pecador
Inventaram uma internet
Um negócio sedutor
Que até os santos estão sendo
Feitos no computador

Mas Damião que horror
E as coisas lá vão assim?
Pelo que você me fala
O mundo já está no fim
Eu acho que lá tem gente
Que nem se lembra de mim

Pode acreditar em mim
Tem coisa mais complicada
Homem casando com homem
A Lei já foi aprovada
Quem for conversar besteira
Sai de barriga arranhada

Damião isso é piada
Eu morro e não acredito
Essa aí me deixou tonto
Parado, pasmo e aflito
Eu acredito em você
Mas acho o troço esquisito

Você achou esquisito
Ainda tem muito mais
Estou só contando algumas
Tem outras mais atuais
Só não vou lhe contar tudo
Senão você cai pra trás

Tenho pena dos mortais
Das coisas que estão fazendo
Pelo que você me disse
Tem muita gente sofrendo
Que lutam sem ter direito
Que pagam sem estar devendo

Por lá ficaram dizendo
Que você vai retornar
Se quiser dou-lhe um conselho
Melhor fique em seu lugar
Quem está morando no céu
Não tem pra que se mudar

Damião deixe eu pensar
Que ainda não refleti
Acho que vou atendê-lo
Se de lá eu já saí
Já me encontrei com você
Voltar pra fazer o quê?
Vou me agüentar por aqui.

Do CD "Padre Cícero"

Salve, Salve Padre Cícero

Salve, salve Padre Cícero
Meu Padim do Juazeiro
Seus conselhos e seus sermões
Me dão fé o tempo inteiro
Redobrando a minha crença
De coração de romeiro

Sou romeiro nordestino
Das estradas do sertão
Devoto da Mãe das Dores
Do Padre Cícero Romão
Ouço as mensagens da alma
E trago a fé no coração

Foi em mil e oitocentos
E quarenta e quatro o ano
Em Crato no Ceará
Com talento sobre-humano
Que nasceu o Padre Cícero
Por ordem do Soberano

No ano mil novecentos
E trinta e quatro morreu
Quase um século de existência
O Santo Padre viveu
Deixou milhões de conselhos
Que o povo nunca esqueceu

Os sermões do Padre Cícero
Todo devoto guardava
O cangaceiro tremia
O jagunço acreditava
Até o ateu que ouvisse
Cruzava as mãos e rezava

Seu lado misterioso
Tinha grandeza inconteste
Previa ano de inverno
De fome de seca e peste
Um homem predestinado
Pra conviver com o Nordeste

Consolava os infelizes
Nas confissões que fazia
Nas orações que rezava
Na força que possuía
Triplicando a luz da fé
Da multidão que lhe ouvia

As perseguições sofridas
Suportou resignado,
Foi suspenso pelo clero
Depois foi reintegrado
Deus não permite obstáculo
A quem é predestinado

Quando houve a suspensão
Das funções sacerdotais
Não podia dizer missa
Pelas ordens clericais
Mas o número de devotos
Aumentou cada vez mais

Foi o milagre da hóstia
Que tanto espanto causou
Que em sangue de Jesus
Dizem que se transformou
Como relíquia divina
Que Deus do Céu enviou

Tinha o Padre Cícero auxílio
De Jesus de Nazaré
Romeiro pra lhe assistir
Fazia viagem a pé
Era distância vencida
Pelo tamanho da fé

Foi padroeiro e padrinho
Fiel amigo e irmão
Foi Prefeito quinze anos
Deu patente a Lampião
Levando o Rei do Cangaço
Ao posto de capitão

Era um condutor de massas
Homem de espírito forte
Mesmo assim por muitos anos
Bem depois de sua morte
É seu nome um mito vivo
Em Juazeiro do Norte.

Meu Padrinho Viajou

(*décimas de sete com mote*)

Vou com Deus não vou sozinho
Num caminhão de romeiro
Eu vou para o Juazeiro
Vou visitar meu Padrinho
É muito longe o caminho
Muita poeira e sol quente
Mas o romeiro não sente
Quando dá fé, já chegou
Meu Padrinho viajou
Vai retornar brevemente

Romeiro por devoção
Devoto por consciência
Meu Padrinho tem ciência
Pra transformar um cristão
Eu rezo aquela oração
Que ele ensinou pra gente
Deus na guia, Pai na frente
Jesus me mandando eu vou
Meu Padrinho viajou
Vai retornar brevemente

Não morreu o Padre Santo
Fez somente uma viagem
Aqui ficou sua imagem
Brilhando por todo canto
Nós já esperamos tanto
Pra vê-lo aqui novamente
Tem romeiro impaciente
Lembrando o que ele ensinou
Meu Padrinho viajou
Vai retornar brevemente

O Nordeste não esquece
O Santo que foi embora
Vai retornar qualquer hora
Rezando uma nova prece
Nossa ansiedade cresce
Ele virá sorridente
Curando a dor dessa gente
Que até hoje não curou
Meu Padrinho viajou
Vai retornar brevemente

Quando lhe fiz um pedido
A saúde estava em nada
A graça foi alcançada
E meu pedido atendido
Eu fiquei agradecido
Porque estava doente
O senhor se fez presente
Com um gesto me curou
Meu Padrinho viajou
Vai retornar brevemente

A matriz de Juazeiro
Saudosa plange seu sino
Alertando o Nordestino
Lembrando a todo romeiro
Que o Santo padroeiro
Fez um passeio somente
Mas estará novamente
No canto que começou
Meu Padrinho viajou
Vai retornar brevemente.

Milagres

(*décimas com mote de dois pés*)

Se o povo diz santo, santo seja
Ninguém tem muito tempo a esperar
Pela grande vontade popular
Padre Cícero é um santo em nossa igreja
É o povo quem pede e quem deseja
Que se atenda essa grande multidão
Reunidos os fiéis em oração
Esperando o momento glorioso
Padre Cícero será vitorioso
No processo de canonização

Trouxe a luz que o romeiro procurou
Crato foi a cidade onde nasceu
Juazeiro o lugar onde viveu
Mil problemas na vida suportou
Não tremeu, não gemeu, nem fraquejou
Quando esteve em cruel perseguição
Foi ao Papa, obteve permissão
E prosseguiu seu trabalho precioso
Padre Cícero será vitorioso
No processo de canonização

Era um mês de setembro um belo dia
Para ser bem preciso, dia três,
Um menino nascido com um mês
Uma estranha linguagem principia
Padre Cícero Romão compreendia
Do guri, cem por cento, a expressão
Ficou toda abismada a multidão
Com aquele guri misterioso
Padre Cícero será vitorioso
No processo de canonização

Certa vez um sujeito foi fazer
A limpeza de uma chaminé
Nesse Padre, gritou, só tenho fé
Se eu cair desta altura e não morrer.
Nisso ele escorrega e ao descer
Grita o nome do Padre e cai no chão
Quebra braço, costela, pé e mão
Escapou sem ficar defeituoso
Padre Cícero será vitorioso
No processo de canonização

Dos milagres que o povo tem contado
Ninguém pode contá-lo num só dia
O da moça que há tempo não dormia
O chapéu na parede pendurado
O ceguinho que foi recuperado
Sem sofrer mais problemas de visão
Padre Cícero só fez botar a mão
E o ceguinho saiu todo orgulhoso
Padre Cícero será vitorioso
No processo de canonização.

Meu Padim, Pade Ciço

Numa linda manhã, às cinco horas
Embalado na voz da passarada
Nasce o Padre Avatar do Nordestino
Quando o sol conduzia a alvorada
A vontade de Deus prenunciava
A missão que lhe estava reservada

Homens brutos perversos do seu tempo
Ao ouvir seus sermões estremeciam
Sua voz era mansa como a brisa
Seus conselhos pra todos que assistiam
Criminosos que fossem a vida inteira
Dos pecados mortais se arrependiam

Sua vida só foi de ensinamentos
De sermão, de conselho e de jejum,
Sua luz foi maior do que a nossa
Por comum todo gênio é incomum
Que a difícil missão de catequista
Jamais pode ser dada a qualquer um

Meu Padim, Pade Ciço está com Deus
Juazeiro, seu palco, iluminado
O país nordestino, sua pátria,
O romeiro é seu filho abençoado
É um santo por tudo que foi feito
E pelo povo já está canonizado

Meu Padim, Pade Ciçô está com Deus
Vai voltar qualquer hora, qualquer dia,
Nós, romeiros da terra ensolarada,
Precisamos demais de um anjo guia
Nossa crença será multiplicada
Pela sua imortal sabedoria

Em Jesus, em José e em Maria
Padre Cícero firmou a sua fé,
Antevia os fenômenos do seu tempo
Nos sermões que fazia em sua Sé
Toda graça que fez foi pela graça
Do Messias Jesus de Nazaré

Grande nome que o povo não esquece
Porque desde muito pequenino,
Uma luz para o homem sertanejo
Pela grande vontade do Divino
Pade Ciço Romão do Juazeiro
Anjo guia do povo nordestino

Meu Padim viajou mas voltará
Com a Virgem das Dores, Padroeira,
Nossa fé inda está do mesmo jeito
Pela sua palavra verdadeira
Seus amigos, seu povo e sua igreja
Pacientes lhe esperam a vida inteira.

Virgem Mãe das Dores

Virgem Mãe das Dores
É a solução
Pra todo cristão
Que nela acredita
É o lenitivo
Pra nós pecadores
Salve a Mãe das Dores
De força infinita

Socorrei aqueles
Que pedem conforto
Que vão para o horto
Que rezam na Sé
Assim Padre Cícero
Em vida ensinava
A quem precisava
De um pouco de fé

Viva Jesus Cristo
Divino cordeiro
São Pedro chaveiro
E a Mãe das Dores,
Que ajudam e libertam
Quem vive cativo
Que são lenitivo
Para os pecadores

Quem ama e perdoa
Quem reza contrito
Ajuda o aflito
E pratica jejum
Quem faz caridade
Ama o Pai Eterno
Não vai pro inferno
De jeito nenhum

Feliz quem proclama
A graça alcançada
Pela Virgem amada
E Jesus Salvador
A fé multiplica
Agradece e canta
Na bondade santa
De Nosso Senhor

Romeiro sofrido
De longas estradas
Imensas jornadas
De todo país
Sai ano entra ano
Visitando a Sé
Vivendo da fé
E cantando feliz

Nós somos devotos
De meu Padim Ciço
Nosso compromisso
Era sempre assim
Nossa Mãe das Dores
É nossa Rainha
Amiga e madrinha
De um amor sem fim

Romeiros nós somos
Por livre vontade
Por afinidade
E por devoção
Os grandes milagres
Que já recebemos
Nós agradecemos
Com o coração

Bendito e louvado
Seja meu Padrinho
Mostrando o caminho
Nos conselhos seus
Em nome da Santa
Mãe imaculada
Que mostra a estrada
Da casa de Deus

Leprosos, morféticos,
Já desenganados
Que foram curados
Libertos da dor
Meu Padrinho via
Pela medicina
A força divina
Do Pai Criador.

Mourão perguntado

— Caro poeta me diga
Se ainda é bom romeiro
— Minha devoção antiga
Me carrega ao Juazeiro
— O nome do Padroeiro
Dos devotos do sertão
— O Padre Cícero Romão
Eternamente lembrado
Isto é mourão perguntado
Isto é responder mourão

— Diga pra nós por favor
Um grande milagre seu
— A hóstia mudou a cor
Em sangue se converteu
— Diga pra quem ele deu
Patente de capitão
— Ao famoso Lampião
Por muitos injustiçado
Isto é mourão perguntado
Isto é responder mourão

— Padre Cícero, meu Padrinho
Me diga com quem parece
— Com aquele capuchinho
Que o povo não esquece
— Aquele também merece
Sua canonização
— Seu nome é Frei Damião
Será sim canonizado
Isto é mourão perguntado
Isto é responder mourão

— Me diga qual o bendito
Que você canta e encanta?
— Todo bendito é bonito
Logo a gente aprende e canta
— Qual será o nome da santa
Que o Padre fez devoção?
— A virgem da Conceição
Mãe das Dores, ser sagrado
Isto é mourão perguntado
Isto é responder mourão

— Os milagres por bondade
Feitos pelo Padre Santo
— Para falar a verdade
Não há quem saiba do tanto
— Foram muitos eu garanto
Feitos em cima do chão
— Sei que foi uma porção
Mas tudo não estou lembrado
Isto é mourão perguntado
Isto é responder mourão

— Dos conselhos verdadeiros
Cite alguns que recebeu
— Eu cito de alguns romeiros
Que o Padre Cícero deu
— Uns dizem que o mundo seu
Não é essa região
— Outros dizem que Abraão
Também lhe fez convidado
Isto é mourão perguntado
Isto é responder mourão

— Aqui em cima da terra
Qual foi a sua doutrina?
— Que o amor supera a guerra
A grande lei nos ensina
— Onde a crença nordestina
Sentiu grande proteção?
— Num homem cuja missão
Foi dar conselho ao errado
Isto é mourão perguntado
Isto é responder mourão

— Por que é que o nordestino
Seu nome nunca esqueceu?
— Porque desde pequenino
Com seu povo conviveu
— Todo Nordeste gemeu
Com a morte dele ou não?
— Foi tanto pranto no chão
Que o chão ficou irrigado
Isto é responder mourão
Isto é mourão perguntado.

A Volta do Padre Cícero
(*setilhas de setissílabos*)

Sua figura tem trono
No Cariri, no sertão
Onde quer que Deus exista
Toda e qualquer região
Há um milagre contado
E o nome lembrado
Do Padre Cícero Romão

O seu nome é decantado
Por poetas cantadores
Violeiros, repentistas
Por vários compositores
Por artista de renome
Todos enaltecem o nome
Do filho da Mãe das Dores

Rei Gonzaga não cantou
Só falando do vem-vem
Serrote Agudo, Asa Branca
Carolina e Xenhenhém
O monarca sanfoneiro
Do Padre do Juazeiro
Foi um romeiro também

A sua estátua gigante
Muito bem edificada
Simbolizando no horto
Sua longa caminhada
Pelos mistérios da fé
Nosso objetivo é
Continuar a jornada

Tem vezes que nossa crença
Enfraquece de repente
Depois que a gente medita
Firmada na nossa mente
A fé renasce e dá fruto
Num poder absoluto
Que só Deus dá para a gente

Vem o terceiro milênio
Iluminando a ciência
Padrinho está de volta
Qual um raio em refulgência
Ao lado de Cristo Rei
Mostrando a nova lei
Da era da consciência

Os horizontes estão turvos
O pudor chegou ao fim
Os valores do espírito
Nunca foram vistos assim
O mundo mudou o tom
Os maus estão achando bom
E os bons estão achando ruim

Meu Padrinho, sua igreja
Não pode ser esquecida
Nem nossa fé apagada
Nem nossa crença ferida
Volte, estamos esperando
O mundo está precisando
Entrar numa nova vida.

Toda terra precisa do seu santo
(*martelo alagoano*)

Todo santo precisa seu andor
Toda igreja precisa do seu sino
Todo homem já traz o seu destino
Toda ópera precisa seu tenor
Toda vida precisa de um amor
Toda roupa só faz se tiver pano
Todo justo nasceu pra ser humano
Toda terra precisa do seu santo
Vou chamar Padre Cícero por enquanto
E lá vão dez de martelo alagoano

Somos nós de um torrão sacrificado
Onde tudo só vem por derradeiro
As ofertas que vêm do estrangeiro
O produto já está ultrapassado
Quando nosso produto é exportado
É aquele terrível desengano
Tem que haver um milagre soberano
Ou então nossa raça fica louca
Que a vontade política é muito pouca
E lá vão dez de martelo alagoano

Não é nada demais você comprar
Um carrinho pra ir ao seu passeio
Um lugar pra fazer um veraneio
Uma casa modesta pra morar
Trabalhar com direito a descansar
Não faltar com o seu cotidiano
Receber suas férias todo ano
Ter saúde, conforto e assistência
Não há santo que tenha paciência
Lá vão dez de martelo alagoano

Quem tiver o seu santo padroeiro
Faça preces pensando no trabalho
Quem viver num emprego quebra-galho
Não se meta a gastar o ano inteiro
Quem tiver o ofício de pedreiro
Não procure carrão americano
Porque em tudo é preciso regra e plano
Ninguém pode esperar só pelo santo
Não existe milagre para tanto
Lá vão dez de martelo alagoano

É perdido o sonhar com grande altura
Quando nossos limites são pequenos
Essa história de vida mais ou menos
Isto é só um jogo de cintura
Porque quando a parada fica dura
É comum fraquejar o ser humano
Apelar para a luz do soberano
Porque Deus quando manda é casa cheia
Nunca vi Deus cobrar feijão de meia
Lá vão dez de martelo alagoano

O nordeste sem dúvida é um país
Bem maior do que muitos europeus
Aqui muitos apelam para Deus
Pra cortar todo mal pela raiz
Pela fé, o nordestino é mais feliz
Várias vezes levado ao desengano
Com promessa e com truque leviano
Vive ao povo enganando o tempo inteiro
Com discurso que Deus é brasileiro
E lá vão dez de martelo alagoano.

Sextilhas

Do improviso que ficou

Que é que sei? E que sou,
Donde vim? Pra onde vou?

Eu sou um substantivo,
Tenho sede de aprender.
Cantando aprendi amar;
Amando aprendi sofrer
Carrego dentro da alma
A ventura de viver

Todo valer aparente,
O tempo vem e consome.
Quem sobre cascalho planta,
É possível passar fome.
Em casa de avarento,
Quem pede esmola, não come

Todo homem inteligente
Pode adquirir estudo;
Interroga o "pai dos burros",
Faz consulta ao "mestre mudo",
Pergunta quando não sabe:
Termina aprendendo tudo...

O Universo é composto
Por esferas soberanas,
Entre átomos e moléculas,
Entre células e membranas,
Fluídos que se organizaram,
Formando vidas humanas

Do abismo universal,
O nada tomou a frente:
Da água, nasce o germe,
O lodo que se fez gente,
Anjo que se fez arcanjo:
Ponto final da semente

Vim do pó do universo,
Das explosões estrelares,
Dos princípios mais remotos,
Desde a formação dos mares,
Dos milênios vagarosos,
Dos períodos seculares

Do veneno fulminante
À força dos furacões;
Do disparo das granadas
À luz das constelações;
Da queimadura dos raios
Ao trompete dos trovões

Sente o cantador, na alma,
Uma esperança divina;
A luz que dissipa trevas,
A mensagem da doutrina,
A aura do corpo humano,
O saber da medicina

A leveza da espuma,
A dureza do brilhante,
O pigmeu sem defesa,
O portentoso gigante,
A choupana desgraçada,
O palácio cintilante

O aroma das campinas,
O fascínio das paisagens,
Zigue-zague das raízes,
O requebrar das aragens,
A superstição dos mitos,
O fantasma das miragens

Cantando, sinto a dureza
Do malefício da guerra.
Vejo o reflexo dos céus
Azular longínqua serra;
De longe, dando impressão
De unir o céu com a terra

Bilhões de coisas estranhas
Precisamos conhecê-las,
O abismo das distâncias,
A quentura das estrelas,
As formas do abstrato,
Que nós não podemos vê-las

A solidão do deserto,
O cintilar do mormaço,
O rio serpenteante,
Igual fumaça no espaço,
Que vai tomando distância
Sem alterar o compasso

Com alma o poeta canta
A ciência que evolui;
O sovina que não cede,
O sábio que contribui.
O macro que multiplica,
O micro que diminui

Eu recrio nos meus versos,
As galantes "Giocondas",
O ciciar dos insetos
E o marujar das ondas;
As distantes nebulosas,
As profundezas das sondas

Cantando, eu sinto o encanto
Da linda Mansão Aérea;
Dos gênios que passam livres
Lá na correnteza etérea:
Hoje estão emancipados
Das correntes da matéria

Dos fluidos ultra-invisíveis,
Como bem sentia Cristo
Com o "supermicroscópio",
Nenhum poderá ser visto,
Mas a violência humana
Poderá ver tudo isto

Cantando, eu vejo a ciência,
Segredo da isotonia;
O nêutron, próton, elétron,
O íon, a isobaria;
Membranas, células, moléculas,
Física, biologia

Penetro no infinito,
Nas camadas "marcianas",
Raio ultravioleta;
Nos tecidos das membranas;
Raio gama e raio X;
Nas ondas hertzianas

Como poeta, conheço
A Reforma de Lutero,
O Código de Hamurabi,
A devassidão de Nero.
Sei de todas essas coisas:
Canto na hora que quero!

A combinação das coisas
Tem seu ponto de partida...
A química dos elementos,
Em forma desconhecida:
Nêutron completando átomos,
Fluidos produzindo vida

Estou precisando tanto
De descansar meu juízo
Num recanto adormecido,
Num pequeno paraíso.
Pra eu desfrutar um pouco
A paz de que eu preciso

Preciso da paz dos campos,
Um lugar longe daqui;
Lugar que as flores conversam,
A natureza sorri
Com o mais bel'espetáculo
O balé do colibri!

Quero libertar um pouco
Minh'alma triste, cativa;
Deixem-me passar as horas
Em vida contemplativa...
Façam isso por bondade
Para que feliz eu viva.

Uma cantoria em Paris
com Lourinaldo Vitorino no
XVIII Salão do Livro, em março de 1998.

Lourinaldo Vitorino —
Que noite extraordinária
Ao sopro da brisa mansa
A viola é um piano
Que no meu peito descansa
Trazendo o sertão tostado
Para as ruas frias da França

Oliveira de Panelas —
Estou feliz como criança,
Que volta à casa dos pais
Eu tive aqui em Paris
Meus momentos geniais
E se eu não virar francês hoje
Não vou virar nunca mais

LV — Só vou pedir, rapaz,
Que cante sem acanhez
Jogue metáforas poéticas
Mas cantando português
Só não tente assassinar
O idioma francês

OP — Eu falo é meu português
Eu falo e não me acanho
Décimo oitavo Salão do Livro
Na cultura eu tomo banho
É a primeira vez que canto
Num salão deste tamanho

LV — Que ambiente tamanho
Gostoso de se olhar
A França que antigamente
Viu o cordel no seu lar
Cortando a península ibérica
Indo pra o nosso lugar

OP — Simone de Beauvoir
A França lhe escuta a voz
Sartre o grande filósofo
Galeria de heróis
Mas no Brasil conhecemos
Nossa Raquel de Queiroz

LV — A França mostrou p'ra nós,
A poesia exemplar,
Lamartine no passado
Foi um poeta sem par,
Mas o nosso Castro Alves
Temos que valorizar

OP — E se quiser comparar
Lindas coisas que já vi,
Entre o Brasil e entre a França
Entre o Brasil e aqui,
Temos o rei Pelé
E aqui temos Platini

LV — Zidane está por aí
Brilha igual Ronaldinho
Nem vou comparar os dois
Cada um tem seu caminho.
Mesmo dois pássaros tão grandes
Não nascem no mesmo ninho

PO — Gostei do meu amiguinho,
Do poema que compôs,
Na vértice de uma pirâmide
Não há lugar para dois,
Um tem que mandar primeiro
E o outro manda depois

LV — França e Brasil, vejo os dois
Sobre os dois devo propor,
Aqui tem a Torre Eiffel,
Lá tem Cristo Redentor,
É a engenharia humana
É a expressão do Senhor

OP — Cristo representa amor
Eiffel tecnologia,
E Sartre pra Jorge Amado
A força se delicia,
Um está com Gabriela,
E o outro com filosofia

LV — A França criou um dia
Seu herói Napoleão
O Brasil tem Virgulino
Que é chamado Lampião,
um matava por aqui,
o outro matou no sertão

OP — Com esta comparação
Sei que a seu lado vou,
Lá tivemos Marta Rocha,
E aqui Brigitte Bardot,
Marta Rocha ainda está livre
Mas Brigitte se acabou

LV — A França também criou
Um poeta de primeira,
Foi o genial Balzac
Gênio pra toda a fronteira
Mas o sertão nordestino
Também criou Zé Limeira

OP — Inácio da Catingueira
Negro poeta tão bom,
Se tivemos Conselheiro
Aqui tivemos Danton,
E também Afonso Daudet
Tartarin de Tarascon

LV — Falar de Flammarion
Seria rima gostosa,
Mas lembra advocacia
Nosso grande Rui Barbosa,
Gênio que a humanidade
Com respeito ainda glosa

OP — Idéia maravilhosa
Que faz a gente pensar
No grande Gilberto Freyre
Um rei espetacular,
Aqui Victor Hugo,
E Trabalhadores do mar

LV — Que magnífico lugar
Citar sempre vale a pena,
Paris que hoje é cortada
Pelo grande rio Sena,
Mas temos o Amazonas
Que o brasileiro condena

OP — Por aqui se vale a pena
Por um motivo qualquer,
Entre os gênios desta pátria
Seja ele homem ou mulher,
Por aqui temos Kardec,
Por lá temos Chico Xavier.

A corrupção

Os escândalos brasileiros
Envergonham qualquer chão
Desmoronam qualquer povo
Denigrem qualquer nação
Deixam de alma enlutada
Qualquer constituição

Nas religiões, nas seitas
Na política, na moral
No senado, nos palácios
Na medicina legal
A corrupção comanda
Até no judicial

A corrupção no Brasil
Como um câncer prolifera
Corrói a mente do povo
Viça na mais alta esfera
E temos que conviver
Com a cruel besta-fera

O homem perdeu a fibra
Moral e dignidade.
Dos que não compactuam
É pequena a quantidade
Quando a mentira procura
Desmoronar a verdade

O sexo também tem sido
A corrupção patente
Nem Sodoma, nem Gomorra
Destruídos totalmente
Praticaram os absurdos
Que se faz atualmente

A política está passando
Por um período infeliz
Os coniventes não falam
Quem está roubando não diz
E assim a corrupção
Vai destruindo o país

Enquanto a criança dorme
Sem conforto na favela
Sem roupa pra a aquecer
Sem comida na panela
Os corruptos levam tudo
O que seria pra ela

O ladrão de sanduíche
Esse vai pra cela fria
Mas o ladrão magnata
Que rouba na mordomia
É bem raro que é chamado
Pra ir à delegacia

Tem que se achar um jeito
Para acabar esta laia
Não podemos conviver
No meio desta gandaia
Que faz do povo sofrido
A verdadeira cobaia

O país está chorando
A bandeira está tristonha
O povo está sufocado
Por essa agressão medonha
Tanto escândalo sobrando
Faltando tanta vergonha

Até quando esses larápios
Driblam nossa resistência
Nos põem sapo guelra abaixo
Torram nossa paciência
São vândalos que patrocinam
A máquina da violência

O sangue do operário
É bebido toda hora
Todo suor derramado
O pranto que ele chora
É transformado em moeda
Para ser gasta lá fora

Sexo mercantilizado
Faz a moral levar fim
O narcotráfico progride
Deixando tudo que é ruim
Nenhum país vai à frente
Com uma cambada assim

Os cambalachos perversos
Programados em surdina
Onde a calada da noite
É quem dita e determina
A negociata espúria
Que trama nossa ruína

Esses dráculas sugadores
Que há muito tempo vêm
Fazendo banquete às custas
Do sangue que o povo tem
Sem responsabilidade
Não prestam conta a ninguém

Com o dinheiro do povo
São peritos na manobra
O "filé" eles consomem
Deixam para nós a sobra
O antiofídico está pouco
Pra suportar tanta cobra

A seleção do Brasil
Tem seus craques mafiosos
Uma nova CBF
De atletas perigosos
Com a sigla Corrupção
De Brasileiros Famosos

Eles são habilidosos
Para driblar tribunais
Dar calote na Receita
Comprar juízes venais
Lesar o Banco Central
É o que eles fazem mais

Fazem contratos gigantes
Esses craques mascarados
Licitação não existe
Nos seus jogos complicados
Que alistam seus coronéis
E elegem seus deputados

Essa CBF possui
Craque jogando lá fora
Spa's, o cassino de Mônaco,
Miami, a escrete adora,
Caimã é a maior renda
No seu campo até agora

Em Paris perdemos a copa
Ninguém pôde com Zidane
Desanimados torcemos
Pr'os onze craques em pane
Nossos CBF são "penta"
E que Zagalo se dane

Esses CBF contam
Com Collor na seleção
Todos seus craques espertos
Só fizeram gol de mão
Poucos têm cartão vermelho
Em forma de cassação

E o Nicolau Lalau
Tem a prisão decretada
Cento e sessenta milhões
Levou de uma só lapada
Sujou o TRT
E ainda não sofreu nada

Luiz Estevão começou
Seu imenso capital
Desviando seus milhões
Com a construtora Incal
O larápio mais votado
Do Distrito Federal

O rato juiz Nestor
Foi pego de mão na massa,
Contra o INSS
Cometeu muita trapaça
Juiz em cadeia pública
No Brasil serve de graça

E Georgina de Freitas
Ladra grã-fina danada
Na justiça dos States
Ali ela foi condenada
Se fosse pelo Brasil
Não seria molestada

Salvatore Cacciola
O Banco Marka era seu
Mais de um bilhão vírgula cinco
Do Tesouro ele comeu
Sabendo que ia preso
Na hora se escafedeu

O famoso "Motoserra"
O Hildebrando Pascoal
Roubou, traficou, matou
E foi cassado afinal
Virou piada e vergonha
Do Congresso Nacional

Dos anões do Orçamento
João Alves ferrou-se um dia
Abertamente roubava
Cinicamente dizia
Que Deus do céu lhe ajudava
A acertar na Loteria

É dos Magalhães, os donos
Do Banco Nacional,
Um rombo de muitos "bi"
Contra nosso capital.
E o povo pagando o pato
Do larápio oficial

Calmon de Sá, o banqueiro,
Faliu bilionariamente
ACM veio e salvou
Seu afilhado cliente
Com o seu Banco Econômico.
Quem paga a conta é a gente

E Maluf dos precatórios
Do superfaturamento
Desviou tanto dinheiro
De carregar um jumento
Continua candidato
Isso é atrevimento

Celso Pitta e seus comparsas
Puxa-sacos do prefeito:
Só Jacome foi cassado,
Preso por não ser direito
E o restante da gandaia
Livre está, deram um jeito

Eis a seleção dos onze
Que roubando há tempo vêm
Restam muitos camuflados
Pode procurar que têm
Quem tem tanto atleta desses
Não perde para ninguém

O time acima citado
É de primeiro escalão
Milhares de bons reservas
Em boa forma já estão,
O "penta" ninguém nos tira
Na copa da corrupção.

Martelos com mote

Só porque sou um filho adulterino

Eu preciso de minha identidade
Para ver se o mundo me conhece...
Façam logo meu INPS
Que estou na maior necessidade.
Também peço a legitimidade:
Que, por Deus, sou também abençoado;
Não me façam de um cão abandonado;
Não me tratem da forma de um suíno.
Só porque sou filho de adulterino
Meu direito está sendo sonegado

Eu nasci duma noite mal dormida...
Na vontade da ejaculação;
Vi dois corpos sentindo a sensação,
Quando estava, em começo, minha vida!
Demorei-me no ventre e fiz partida,
No começo, por Deus, determinado.
E por que é que sou repudiado,
Se nasci da vontade do Divino?
Só porque sou um filho adulterino.
Meu direito está sendo sonegado

Olhe aqui, seu doutor, estou doente;
Minha mãe, uma pobre sem dinheiro;
Eu não sei, de meu pai, o paradeiro.
Mas eu sou um coitado, um inocente!
E pergunte pra Lei; veja se sente
O que é ser um filho abandonado,
Que é visto igualmente a um renegado,
Porque pede um conforto de menino.
Só porque sou um filho adulterino,
Meu direito está sendo sonegado

É verdade: sou filho de amante!
Minha mãe nunca quis o casamento,
Mas, em Deus, há o grande mandamento:
Respeitar e acatar o semelhante.
Para mim o maior ignorante
É quem tira o direito de um coitado:
Que ninguém não pediu pra ser gerado!
Façam lei, façam lei prá o pequenino.
Só porque sou um filho adulterino,
Meu direito está sendo sonegado

Eu nasci no ensejo da paixão,
Se, assim foi, minha mãe, por que quiseste?
Te pergunto, meu pai, por que fizeste
O desejo de tua sensação?
Por que, mãe, aceitaste a sedução?
Tu devias, meu pai, ter evitado...
Mas é tarde demais: estou formado!
Quero agora conforto em meu destino...
Só porque sou um filho adulterino,
Meu direito está sendo sonegado.

Tiradentes morreu sem ver a luz

Foste herói dos heróis, ó Tiradentes.
Tu pagaste, com sangue, a tua glória:
Teu espírito não viu a tua vitória,
Na defesa dos fracos, inocentes.
No sigilo dos teus "inconfidentes"
Houve um que te fez a falsidade,
No exemplo que deste à humanidade,
Foste um Cristo morrendo noutra cruz...
Tiradentes morreu sem ver a luz
Da estrela febril da liberdade

Preconceito de cor não existia
Nas idéias do Mártir liberal:
Uma luz que brilhasse por igual
Era isso que ele pretendia.
Não gostava de falsa hierarquia,
Que oprime sem haver necessidade.
Ele amava demais a igualdade,
Na doutrina evangélica de Jesus.
Tiradentes morreu sem ver a luz
Da estrela febril da liberdade

Tu pediste aos céus que a desgraça
Desse um vôo de monstro e fosse embora,
E a Deus, suplicaste toda hora
Que mudasse o destino de uma raça...
Mas, com isso, teu corpo foi à praça,
Em pedaços de toda qualidade;
Tua alma partiu pra divindade
E a carne ficou pros urubus.
Tiradentes morreu sem ver a luz
Da estrela febril da liberdade.

Nascimento do gênio

Castro Alves, não foste patriota
Pois acima de tudo foste humano
A canção que fizeste ao africano
Conseguiste afinar nota por nota
Teus poemas cobraram grande cota
Aos terríveis senhores traficantes
Que na compra dos pobres semelhantes
Eram brutos, perversos mercadores
Castro Alves nasceu cantando amores
Num castelo de espumas flutuantes

Foste herói da defesa na contenda
De Biafra, de Angola e de Bengala
Derrubaste as paredes da senzala
E protestaste os senhores da fazenda
E não foste um mito ou uma lenda
Pra tentar convencer ignorantes
Tu vieste de cosmos mais distantes
Onde tudo se vê com outras cores
Castro Alves nasceu cantando amores
Num castelo de espumas flutuantes

Tu de longe sentiste o sacrilégio
Dos navios negreiros africanos
Que por uso de meios desumanos
Um mercado de mágica em sortilégio
Mas a força do grande privilégio
Transformou-a em gigante dos gigantes
Tu sentiste na dor dos semelhantes
O suplício de tuas próprias dores
Castro Alves nasceu cantando amores
Num castelo de espumas flutuantes

De castelos de luzes colossais
Onde Deus, de propósito, fez pros bravos
Deste canto o poeta dos escravos
Condensou-se nas luzes de astrais
Entre alvas esteiras de cristais
Onde moram faíscas cintilantes
Ou em ondas de brumas murmurantes
Este gênio nasceu das próprias flores
Castro Alves nasceu cantando amores
Num castelo de espumas flutuantes

Na Bahia nasceu, amou, sofreu
Não chegou se formar, morreu rapaz
O veneno de um tiro lá no Brás
Eis a causa que ele faleceu
Antes disto, a Eugênia conheceu
Sua estrela, a mais bela das amantes
Que chegou transformar os seus instantes
Castro Alves nasceu cantando amores
Num castelo de espumas flutuantes.

Problemas políticos

Na política dá bem para sentir
Como o homem tem sede de poder,
Os de cima, tem medo de descer
Os de baixo, estão doidos pra subir,
Os de cima, tem medo de cair,
Os de baixo, angariam leite e pão,
Os de cima, tem leite, mas não dão,
No temor que a vaquinha vá embora,
A política tem sido até agora
O problema maior desta nação

O Nordeste, um senhor discriminado,
Faz cuidado, dá ânsia, traz insônia,
As queimadas cruéis da Amazônia,
Pantanal, está sendo ameaçado
Sete-quedas, foi queda, no passado;
Itaipu, não tem sido a solução.
Essa Angra dos Reis, é ilusão
Se eu contar mais profundo o povo chora
A política tem sido até agora
O problema maior desta nação

Dá pra ver em Vergueiro e em Rocinha,
E outras áreas de classe favelada,
Não se sabe onde a verba é aplicada
Quando rouba é talvez uma galinha
O dilema não é o trombadinha
O problema está mais no trombadão,
Que não paga passagem de avião
E que visita a Suíça qualquer hora,
A política tem sido até agora
O problema maior desta Nação.

Planeta recuperado

Quando o homem souber que com papéis
Não se compra caráter nem pudor,
Que a seiva vital do grande amor
Ninguém compra com cinco ou dez mil réis
Quando o homem souber que as chaminés
Deixam lucro com o ar contaminado,
Que é melhor o fabrico de um arado
Do que bala, metralha e cartucheira,
Quando o homem fizer desta maneira,
O planeta será recuperado

Quando o homem deixar de ser voraz,
E começar botar paz em todo canto,
Repartir sua dor na dor do pranto
Dos que sofrem dilemas sociais,
Pôr final nos conflitos raciais
Onde tantos problemas nos têm dado
Evitar novo sangue derramado
Pra a Terra ter paz a vida inteira,
Quando o homem fizer desta maneira
O planeta será recuperado

Quando o homem notar que o semelhante
Necessita de paz e de respeito
Que ódio, o orgulho e o preconceito,
São diplomas do vil ignorante,
Quando o homem souber que neste instante
Tem um ser pequenino desprezado,
Sem remorso, sem culpa e sem pecado
Como um trapo rolando na poeira,
Quando o homem fizer desta maneira,
O planeta será recuperado.

Gemidos da terra

O país pequenino do Japão
Não encontra mais campo pra seu povo,
Planejando encontrar um mundo novo
Invadir deve ser a solução,
Quando alguém nesta terra perde o chão
A tendência é achá-lo novamente,
Ou buscá-lo em terreno diferente
E é possível que morra procurando,
Ouço a terra gemendo e soluçando
Com o peso dos pés de tanta gente

Quando a China de outrora não sabia
Que seria a maior população,
Que um número passado de um bilhão
Sua prole gigante passaria,
Acontece que nasce todo dia
Multidão no país do oriente,
E ela vai exigir do continente
Mais espaço, que o seu não está dando,
Ouço a Terra gemendo e soluçando
Com o peso dos pés de tanta gente

Terra mãe, no teu ventre frutifica
Uma massa importante do teu colo,
Somos filhos fecundos do teu solo
Onde tudo ao nascer se multiplica,
Uma raça que vai, outra que fica
Sem parar o processo da semente,
Olho a raça agitada em minha frente
Também sinto meus pés lhe machucando
Ouço a terra gemendo e soluçando
Com o peso dos pés de tanta gente.

O cantador

Repentista, poeta, cantador,
Teu cantar livremente se levanta
É teu grito holocausto da garganta
Como quem quer matar a própria dor,
Há um toque de sonho e de amor
E um namoro de musa passageira,
Teu cantar rasga o peito a vida inteira,
Na tangente da lira nordestina,
Tua voz uma eterna clandestina
Musicando a grandeza brasileira

Indomável titã do improviso,
Quando cantas levita tua mente,
Na cadência veloz do teu repente
Solta fogo invisível, teu juízo,
Quando buscas cantando um paraíso
São fugazes demais as alegrias,
Tua verve vestida de poesias
Faz de ti construtor das emoções,
Pescador de fantásticas ilusões
E caçador das mais belas fantasias.

Ghandi

Lá na Índia distante nasceu Gandhi,
Homem gênio, um apóstolo, um deus herói,
Um amante das obras de Tolstoi
Comprovou seu valor de alma grande,
Do seu lar fez viagem para Dandi.
Adotava a passiva resistência,
Foi convicto, contrário à violência,
Fez seu povo vencer sem fazer guerra
Boicotou o governo da Inglaterra
Pondo a Índia em real independência

Defensor de plebeus e camponeses
Superou violência com a calma,
Toda Índia chamou-o de grande alma
Libertando seu mundo dos ingleses.
Condenado à prisão por várias vezes
Por ser sempre a favor do infeliz
Foi à África e cortou pela raiz
Todo mal que seu povo padecia,
Fez justiça à sofrida maioria
E tombou morto salvando seu país

O Decálogo de Gandhi é a verdade
Nos ensina vencer sem violência
São os homens iguais por excelência
Nas crianças não há desigualdade
É virtude manter a castidade
Sê frugal, jejuando faz o bem
Ajudar a seu próximo que não tem
O supérfluo se faz desnecessário
Do suor sê honesto em seu salário
Não ter medo de nada e de ninguém.

As invenções

Com Pasteur, se começa a lista extensa:
Com Albert Einstein e com Dumont,
César Lattes em busca do méson
E Gutemberg, o maestro da imprensa,
Com Da Vinci surgiu a Renascença
Um dos grandes versáteis criadores,
Raio laser, robôs, televisores...
Descobertas incríveis dos milênios
Faço sim continência aos grandes gênios
Desse no Planeta, os benfeitores

São dezenas, centenas e milhares,
De façanhas das grandes invenções,
Reatores, turbinas e aviões,
Desfilando libertos pelos ares
Moderníssimos navios singram os mares
E o radar quantas vezes se acendeu,
Telescópio brilhou com Galileu,
Porém falta nascer o criador
Pra mais bela invenção do grande amor
Onde o homem jamais compreendeu

Thomas Edison, aposenta a lamparina,
Foi Graham Bell inventor do telefone,
Sendo o rádio criado por Marconi
Sabin acha a relíquia na vacina,
Fleming trouxe pra nós penicilina
Enforcando a maldita enfermidade,
Muitos homens com tal capacidade
Se tivesse o planeta produzindo
Facilmente seria resolvido
Os problemas de toda humanidade.

Sextilhas de decassílabos

Enigmas

Na história da crença ninguém sabe
Quem está sendo certo ou sendo errado
Ser herege ou ser crente é um problema
Que deixou muito homem acabrunhado
Se rezar, é carola, cheira-santo
Não rezando, é herege excomungado

Esta história de briga é um tratado
Onde o homem é quem mais se aperreia
Se morrer, deixa a vida que era doce
Se matar, sua vida fica feia
Se morrer, vai morar no cemitério
Se matar, vai pras grades da cadeia

Lavrador pequenino, perde a ceia
Vendo a roça que a seca exterminou,
Chuva e sol: dois problemas naturais
Que o roceiro até hoje suportou
Muita chuva, vai tudo na enxurrada
E muito sol, perde a roça que plantou

E no jogo de bicho alguém já viu
Que o sonho tem sido fantasia
Não jogando, se der, ele pragueja
Se jogar e não der, tem ingresia
Não jogando, se der, vai dar encrenca
E se não der, não faz feira neste dia

E o vestibular é um segredo
De entrada de túnel pro deserto
Pobre vestibulando sai chutando
Sem saber o errado, nem o certo
Sem bizu vai perder na concorrência
E se pegar o bizu é descoberto

Nós poetas também passamos perto
E esta bucha sem gosto a gente come
Se disser que só canta por um xis
Nem sustenta o que diz e suja seu nome
Se pedir muito alto ninguém paga
E não cantando é pior que passar fome

E o coitado operário passa fome
Onde a greve ou ajuda ou tumultua
Do falar pra o calar são dois extremos
Que seu grande problema continua
Não falando é boneco conformado
E se falar é pior, que vai pra rua

Casamento mal feito é uma praga
É purgante ruim de se beber
A mulher trai o homem um pouco velho
Aí sim, ele fica sem saber
Se deixar, vai sofrer na solidão
Se ficar, tem um sócio até morrer

Casamento de filha é um sofrer
Que o pai de família o peso pega
Vem um macho cretino e lhe namora
Fica o pai sem saber se deixa ou nega
Se deixar ela casa sem futuro
E não deixando, é pior, que ele carrega

E a mulher seminua só sossega
Quando o homem ficar daquele jeito
Pouca roupa no corpo e rebolado
Provocando o desejo do sujeito
Se ninguém lhe olhar, é macho frio
E se mexer, é tarado sem respeito

A mãe pobre engravida de um sujeito
Que não é nem amante nem esposo
Num orgasmo entre o medo e o prazer
Decidir para ela é doloroso
Se parir, cria um filho delinqüente
Se abortar, é um ato criminoso

E a mulher que brigar com o esposo
No barulho ela vence o companheiro
Quem lutar com mulher não faz negócio
Nem que seja um navio de dinheiro
Se apanhar, é vergonha pro sujeito
E se bater, é covarde e garapeiro.

Guerra

Eu vi El Salvador dilacerado
Pela bomba, a granada e o fuzil
Os Estados Unidos gargalhando
Desta guerra da farda com o civil
Se houver outro tranca em nossa pátria
Correrá muito sangue no Brasil

Estou vendo problema atualmente
Nações grandes insultando as pequeninas
E os submarinos soviéticos
Camuflados nas águas argentinas
Defendendo o país do cone sul
Reclamante das Ilhas das Malvinas

Alguém diz que são ricas suas minas
De petróleo e de pedra preciosa,
Sua orla de peixes saborosos
É dotada de soma fabulosa
E por riqueza do mar nós entraremos
Numa guerra sinistra e criminosa

Inglaterra que está com Argentina
Neste grande conflito militar
Ou Estados Unidos "quer" encrenca
Ou a Rússia está doida pra brigar
Pra testar seus engenhos belicosos
Do terrível armamento nuclear

As Malvinas nem correm, nem se mexem,
Nem se afogam de vez no oceano
Quando a Rússia defende a Argentina
Inglaterra de Reagan adora o plano
E nós comendo este truque armamentista
Pelo russo e o norte-americano

Essas ilhas do sul do continente
Foi o mar inquieto quem as fez,
Bom seria que Deus pisasse em cima
Dessas ilhas, afundando de uma vez
Pra nenhum argentino brigar mais
E degolar o orgulho do inglês

No Brasil onde moro eu saberei
Quem é bom no fuzil e no bofete
Se a vitória será de Galtieri
Ou quem vence é a fêmea Margareth
Eu só quero saber de minha rede
Quem venceu ou perdeu no telequete

Quantos gastos sem lucro e sem futuro
De ingleses e libras esterlinas,
Abre o cofre do povo Galtieri
E joga fora as moedas argentinas
Pondo em prova de morte o sangue humano
Por pedaços de ilhas pequeninas.

Festival de sereias
(galope à beira-mar)

Eu fiz um passeio por águas alheias
Juntando as sereias do mundo romântico
Do glacial ártico, pacífico e atlântico
Numa carruagem puxada a baleias
Distantes de orla, das dunas de areias
Abismos gigantes tive que passar
Com uma poltrona de espuma no ar
Sentei-me no colo da mãe maresia
Beijava a sereia, cantava e sorria
Cantando galope na beira do mar

Fiz um vesperal de voz de graúnas
Nos lindos coqueiros, delgados e belos
Entrei pelas águas, vi grandes castelos
De pérolas douradas, imensas fortunas!
Passando por cabo, por golfo e dunas
A voz da sereia eu queria gravar
Na festa dos mares vi se aproximar
Netuno, trajado de água e espaço
Olhou pra orquestra, marcou o compasso
E a festa nascia *na beira do mar*

Então pelos mares, vi mil caravelas
No ritmo dos remos de outras barcaças
Ao longe a cortina de finas vidraças
Que transpareciam por entre as procelas
No palco mistério das sereias belas
Fiquei deslumbrado somente em olhar
Já tinham guardado pra mim um lugar
Que eu era um dos membros de sua seresta
Senhor convidado, patrono da festa
Cantando galope na beira do mar

Mistérios incríveis eu observei
Daquelas princesas do fundo das águas
Não tinham nos olhos semblantes de mágoas
Nem choro de escravo, nem riso de rei
Falavam num código que a nossa lei
Está bem distante de codificar
Cantavam tão lindo da água parar
Bequadros divinos, sublimes bemóis
E o mar soluçava no ritmo da voz
Das lindas sereias *nas águas do mar*

A festa acabou-se, não tem mais apelo
Eu trouxe a sereia mais bela pra mim
Eu tenho um aquário de ouro-marfim
A minha coberta vai ser seu cabelo
Devido ela ser uma esposa-modelo
Senti o seu corpo me hipnotizar
Do meio pra cima, é pra gente amar
Do meio pra baixo, tem peixe pra ceia
Não vejo mulher igualmente a sereia
Nem dentro, nem fora *das águas do mar.*

Oração da paz
(*toada alagoana*)

Enquanto o homem da terra
Forma guerra
Sete dias da semana
Eu por fora me conservo
E observo
Tanta violência humana,
Enquanto o mundo enlouquece
Eu faço prece
Na toada alagoana

Veja a tecnologia
Todo dia
Crescendo de mais a mais,
Sei que o homem neste avanço
Sem descanso
Talvez queira encontrar paz
Pergunta a si mesmo
E fica a esmo
A pergunta que ele faz

Neste solo que nascemos
E vivemos
Tem fartura em nosso chão
Tem riqueza e abundância
E substância
Em cada germinação,
O que falta é a ciência da consciência
Pra se dividir o pão

Muitas invenções humanas
E levianas
Acarretam prejuízo
É bom que neste milênio
Nasça um gênio
E faça o que for preciso
E transformar tanto inferno
Num eterno
E sonhado paraíso

Que se acabe o tiroteio
O bombardeio
Ataques e explosões,
Oxalá termine agora
Nesta hora
O comércio de canhões
Quero ver a paz cantando
E comandando
O sossego das nações

Se este meu idioma
Fosse a Roma
À Arábia e a Belém
Chegasse à Rússia e à China
E à Palestina
E dissesse em Jerusalém,
Fora todas as metralhas
E de batalhas
Não vai mais morrer ninguém

Cairo diz a Israel
Nosso papel
É manter paz no Irã,
Na Jordânia, no Iraque,
Sem ataque
Sem bombardeio amanhã
Terra de São Saruê
Cadê você?
É o país da Canaã

Que Deus mande a esta esfera
A nova era
Da real fraternidade,
Que os povos se entendam
E compreendam
Isentos de vaidade,
E a paz desfile de branco
Em passo franco
Para toda a humanidade

Eu quero que cada irmão
Estenda a mão
A seu mano sofredor,
Sem divisão de país
E nem fuzis
Nem preconceito de cor
Todos unidos vibrando
E solfejando
O mesmo hino de amor.

Conformação
(parcela ligeira)

Um rio corrente
De água potável,
Um clima agradável
Um bom ambiente,
Um chazinho quente
Após uma lua cheia,
Uma lua cheia
No céu a brilhar
Eu faço é zombar
De uma fortuna alheia

Um lugar distante
De poluição
Sem agitação
Sem pressa um instante.
Eu e minha amante
Somente nós dois,
Feijão com arroz
Inhame e manteiga.
Garanto que chega
Herdeiro depois

Quero uma casinha
Em plena floresta,
Um tanto modesta
Mas que seja minha,
Com uma cozinha
Sem fogão a gás,
Senhor Pai dos pais,
Pidão sei que sou
Perdoa se estou
Querendo demais

Quero uma panela
De feijão fervendo
E o fogo gemendo
Por debaixo dela,
Quero uma janela
Aberta ao nascente,
Um cão paciente
Uma rede armada,
Pra quem não tem nada
É suficiente

Eu quero um viveiro
De pássaro cantando,
Rosas perfumando
Todo o meu canteiro
Pequeno dinheiro
Que dê pra viver,
Eu quero é saber
Se estou sossegado,
Que sou conformado
Com o que aparecer

Não pago aluguel
Onde me arrancho,
Tou sempre em meu rancho
Em lua de mel,
Um amor fiel
Vivendo pra mim,
Senhor do Bonfim
Eu te agradeço
Porque não mereço
Tanta coisa assim

Não quero jornais
No meu pé-de-serra,
Notícias de guerras
Que o homem faz,
Aqui tou em paz
Com tudo que fiz,
Que eu não tenha pressa,
Que lhe interessa
É que eu seja feliz

Adeus calçamento,
Chaminés, apitos,
Tumultos e gritos,
Tanto movimento,
Eu não agüento
Para longe irei
Dos meus interesses
Qualquer dia desses
Eu retornarei.

Banquete não é jejum
(*oitavão rebatido*)

Banquete não é jejum
Volúvel não tem partido
No jogo trinta e um
Com trinta não está batido
Múmia não expõe o rosto
Filho bom não dá desgosto
Malandro não paga imposto
No oitavão rebatido

Mudo não faz propaganda
Sábio não é convencido
Fração não é uma banda
Donzela não tem marido
Herege não se confessa
Ateu não paga promessa
Tartaruga não tem pressa
No oitavão rebatido

Cachorro não teme gato
Carrasco não quer pedido
Gato não respeita rato
Miado não é latido.
Relógio não marca ano
Gibão não se faz de pano
Cotó não toca piano
No oitavão rebatido

Quem perde não desconta
Prudente não é metido
Velhaco não paga conta
Suspiro não é gemido
Desertor não quer fileira
Rei não cochila em esteira
Vagabundo não faz feira
No oitavão rebatido

Céu nublado não tem astro
Branco não é colorido
Fantasma não deixa rastro
Essa daí eu duvido
Cigano não tem patente
Passarinho não tem dente
Careca não usa pente
No oitavão rebatido.

Da causa vem o efeito

(*Oito pés a quadrão*)

— Da causa vem o efeito
— Do pudor vem o respeito
— Da razão vem o direito
— Vem da vontade a paixão
— Do trabalho vem o pão
— Do mestre vem o ensino
— Do homem vem o destino
Nos oito pés do quadrão

— Casa de pobre é choupana
— Gente grã-fina é bacana
— Jantar de mico é banana
— Bicho valente é leão
— Ave bonita é pavão
— Casa de sapo é lagoa
— Chapéu de rei é coroa
Nos oito pés a quadrão

— A nascente faz o rio
— O gelo alimenta o frio
— O verão faz o estio
— A chuva deita no chão
— A terra produz o grão
— Cresce o fruto a gente come
— Aí ninguém fala em fome
Nos oito pés a quadrão.

Geme quem trai seu amor
(*toada gemedeira*)

Geme quem trai seu amor,
Geme mais quem é traído,
A mulher geme pensando
Na traição do marido
Que atire a primeira pedra
Ai, ai! Ui, ui!
Quem nunca deu um gemido

Hoje todo mundo geme
O empregado, o patrão,
Geme ao moço pra casar,
Geme o ladrão na prisão,
Eu também tenho gemido:
Ai, ai! Ui, ui!
No dia da prestação

Vovô gemeu com vovó
Dois velhos que conheci.
Papai gemeu com mamãe
Com certo tempo eu nasci,
E com gemidos dos dois
Ai, ai! Ui, ui!
Olh'eu escrevendo aqui

Um velho de minha terra
Por nome João Aroeira,
Morreu com oitenta anos
E nunca quis companheira,
Ou era medo de sogra
Ai, ai! Ui, ui!
Ou para não fazer feira.

O poeta se despede
(Dez pés a quadrão)

— Em dez eu vou terminar
— Eu já estava com vontade
— É uma necessidade
— Que a gente tem de cantar
— Cantar, viver e sonhar
— É nossa obrigação
— Na força da profissão
— Que a natureza consente
— Você canta e ele sente
— *Lá se vão dez a quadrão*

— Vou me despedir agora
— Porque a hora é chegada
— A missão está terminada
— Nesta abençoada hora
— Eu necessito ir embora
— Começar outra missão
— Começo uma obrigação
— Outra obrigação tem fim
— Vida de artista é assim
— *Lá se vão dez a quadrão*

Ao leitor muito obrigado
Por ter lido meus poemas
Minhas sextilhas, meus temas
Gemedeira e agalopado...
Deixo um abraço apertado
Pra quem gosta de poesia
E o que não aprecia
Tente aprender a gostar
Nós vamos nos encontrar
Adeus, até outro dia

Do leitor eu me despeço
Me desculpe de tudo
Do modesto conteúdo
Se não foi um grande sucesso
Muitas desculpas eu peço
Pois é bom ser sempre assim.
O trabalho está no fim
Mas não vou ficar parado
Quando estiver precisado
Pode escrever para mim.

Bibliografia

Obras de Oliveira de Panelas

Livros

O comandante do Planeta Médio. João Pessoa, Tipografia Alvorada, 1978.

Poesia liberdade: *Temas inesquecíveis*. João Pessoa, Edições Jagurá, 1979.

Poemas iluminados. João Pessoa, Secretaria de Educação e Cultura, 1983.

Gozação de cantador. João Pessoa, Editora Gráfica Literária, 1983.

Na cadência do martelo. João Pessoa, s. ed., 1993.

Poemas alternativos. João Pessoa, s. ed., 1984.

O Poeta gozador. João Pessoa, s. ed., 1997.

Nas pegadas de Champagnat. (Cordel comemorativo da canonização de Marcelino Champagnat). João Pessoa, Colégio Pio X, 1999.

Dois poetas do povo e da viola (Oliveira de Panelas e Otacílio Batista). João Pessoa, Funesc, 1996.

Discos LP

Coletânea de repentistas: Série Brasil Caboclo. Crazy, 1975.

Só Deus improvisa mais. Com Otacílio Batista. Continental s. d.

Nordeste e repentes. Participação de Daudeth Bandeira. Discos Marcos Pereira, s. d.

Regras de cantoria. Com Otacílio Batista. MEC, s. d.

O perguntador, CBS, s. d.

O Nordeste anda, canta. Com Geraldo Amâncio. Produções Cariri, s. d.

Discos CD

Amor Cósmico. João Pessoa, Produções Luz do Sol, 1995.

I Campeonato de poetas-repentistas do Brasil. (Com Ismael Pereira, Valdir Telles e Sebastião da Silva.) São Paulo, CPC-Centro Popular de Cultura, 1997.

Campeonato nordestino de poetas-repentistas. Edição particular, 1998.

O bardo cantador. São Paulo, O Pequizeiro, 1998.

(Com Otacílio Batista) *Padre Cícero.* João Pessoa, Acácia Produções, 1998.

(Com Juvenal Oliveira) *Vida e morte de Frei Damião.* João Pessoa, Acácia Produções. 1998.

40 anos de cantoria. São Paulo, O Pequizeiro, 2001.

Bibliografia geral

Almeida, Átila Augusto F. de & José Alves Sobrinho. *Dicionário bio-bibliográfico de repentistas e poetas de bancada.* João Pessoa - Campina Grande, Editora Universitária - Centro de Tecnologia, 1978.

Batista, Sebastião Nunes. *Antologia da literatura de cordel.* Natal, Fundação José Augusto, 1977.

——.*Poética popular do Nordeste.* Rio de Janeiro, Fundação Casa de Rui Barbosa, 1982.

Borges, Neuma Fechine (Prefácio). In: Panelas, Oliveira de & Otacílio Batista. *Dois poetas do povo e da viola.* João Pessoa, Funesc, 1996.

Cascudo, Luís da Câmara. *Vaqueiros e cantadores.* Belo Horizonte, Itatiaia, 1984.

Curtius, Ernst R. *Literatura européia e Idade Média Latina.* São Paulo, Edusp, 1996

Dicionário literário da Paraíba. João Pessoa, Editora A União, 1990.

Ferreira, Jerusa Pires. *Armadilhas da memória.* Salvador, Fundação Casa de Jorge Amado, 1991.

Gotlib, Nádia Battella (ed.). *Luís Vaz de Camões.* São Paulo, Abril Educação, 1980.

Menéndez-Pidal, Ramón. *Flor nueva de romances viejos.* Madrid, Espasa-Calpe, 1941.

Moisés, Massaud. *Dicionário de termos literários.* São Paulo, Cultrix, 1985.

Santos, Idelette Muzart Fonseca dos. *Em demanda da poética popular.* Campinas, Editora da Unicamp, 1999.

——. *La littérature de cordel au Brésil.* Paris, L'Harmattan, 1997.

Pinto-Correia, J. David (ed.). *Romanceiro tradicional português.* Lisboa, Editorial Comunicação, 1984.

Polari, Neide. *Vinte anos de parceria.* In: Panelas, Oliveira de & Otacílio Batista. *Dois poetas do povo e da viola.* João Pessoa, Funesc, 1996.

Roy, Claude. *Trésor da la littérature populaire.* Paris, Seghers, s. d.

Viana, Chico & Maurice Van Woensel. *Poesia medieval ontem e hoje.* João Pessoa, CCHLA - Editora Universitária, 1998.

TÍTULOS PUBLICADOS

1. Patativa do Assaré
2. Cuíca de Santo Amaro
3. Manoel Caboclo
4. Rodolfo Coelho Cavalcante
5. Zé Vicente
6. João Martin de Athayde
7. Minelvino Francisco Silva
8. Expedito Sebastião da Silva
9. Severino José
10. Oliveira de Panelas
11. Zé Saldanha
12. Neco Martins
13. Raimundo Santa Helena
14. Téo Azevedo
15. Paulo Nunes Batista
16. Zé Melancia
17. Klévisson Viana
18. Rouxinol do Rinaré
19. J. Borges
20. Franklin Maxado
21. José Soares
22. Francisco das Chagas Batista

Edição	Jorge Sallum
Co-edição	Bruno Costa
Capa e projeto gráfico	Júlio Dui e Renan Costa Lima
Programação em LaTeX	Marcelo Freitas
Assistente editorial	Janaína Navarro
Colofão	Adverte-se aos curiosos que se imprimiu esta obra nas oficinas da gráfica Bandeirantes em 2 de junho de 2010, em papel off-set 90 gramas, composta em tipologia Walbaum Monotype de corpo oito a treze e Courier de corpo sete, em plataforma Linux (Gentoo, Ubuntu), com os softwares livres LaTeX, DeTeX, VIM, Evince, Pdftk, Aspell, SVN e TRAC.